교사,
여행에서
나를
찾다

교사,
여행에서
나를
찾다

초판 1쇄 발행 2019년 5월 24일

지은이 | 차승민

발행인 | 최윤서
편집장 | 허병민
디자인 | 김수경
펴낸 곳 | 교육과실천
도서문의 | 02-2264-7775
인쇄 | 031-945-6554 두성 P&L
일원화 구입처 | 031-407-6368 (주)태양서적
등록 | 2018년 4월 2일 제2018-000040호
주소 | 서울특별시 중구 창경궁로 18-1 동림비즈센터 505호
ISBN 979-11-90113-00-7 (13370)

교사,
여행에서
나를
찾다

글, 사진 **차승민**

교육과실천

차 례

**들어가며 – 나는 왜 여행을 다니는가? • 7

1장_ 낯섦이 내게 준 선물 같은 시간들

나를 위한 첫 여행, 제주 • 17

영화교육 인터뷰를 위해 찾아간 유럽 • 37

가을의 뉴욕을 나 홀로 걷다 • 59

제자와 함께 떠난 파리와 피렌체 • 83

아내와 함께한 서유럽 • 109

가족과 함께 자동차로 유럽여행 • 133

동유럽 아트투어 • 155

2장_ 낯선 곳에서 나와 마주하기

어른에서 아이로 • 182

여행은 나를 찾는 여정이다 • 190

여행의 걸림돌은 무엇인가? • 198

원하는 모든 것을 넣을 수는 없다 • 208

버스터미널과 기차역 그리고 공항 • 213

여행에서 가장 어려운 미션, 첫날 첫 숙소가기 • 221

혼자 하는 여행의 매력 • 227

결항의 추억 • 234

작품아! 네가 날 감동시켜봐 • 244

미술관을 즐기는 방법 • 251

3장_ 여행에서 깨달은 교육에 관한 생각들

교사에게 여행이 필요한 이유 • 266

여행 계획 짜기 – 완벽한 수업은 없다 • 273

영어, 아는 만큼 해도 차고 넘친다 • 280

호기심을 되찾는 기술 • 285

묻는 것이 능력이다 • 292

꿈꾸는 것과 행동하는 것의 차이 • 298

나오며 – 여행을 하며 나를 돌아보다 • 305

들어가며

나는 왜 여행을 다니는가?

내 나이 마흔이 되던 해. 2011년 3월 2일. 새 학년 새 학기가 시작되는 첫날, 난 학교에 출근하지 않았다. 공식적으로 일 년을 온전히 내 시간으로 가질 수 있는 학습연구년을 하는 첫날이었다. 1998년에 초등교사로 발령받아 13년 만에 처음으로 쉬는 것이었다.

운이 좋았다. 2011년 처음 실시된 학습연구년 제도는 우수 교원을 위해 일 년간 쉼을 주는 기회였다. 하지만 당시엔 이 제도가 어떤 의미인지 잘 알려지지 않아 경남에선 신청자가 부족해 몇 차례 추가모집을 해서 나도 선발되었다.

남들 다 출근할 때 논다는 건 짜릿했다. 하지만 곧 온몸이 불덩이처럼 변했다. 그동안 쉴 새 없이 살아온 나의 몸은 긴장이 풀리자 아프기 시작했다. 몸살을 심하게 앓았다. 며칠 동안 이불 속에서 끙끙 앓고 나니 열이 떨어졌다. 아들은 학교 가고 아내도 출근하고 없는 텅 빈 집에서 그동안의 내 삶을 돌아보기 시작했다.

교사가 되기 전에 인생에 큰 휴식을 할 수 있는 몇 번의 기회가 있었다.

첫 번째 기회는 대입 시험을 치고 난 뒤 대학에 들어가기 전이었다. 1991년 겨울에 대학 시험을 치르고 나서 긴 겨울방학 동안 부산에 있는 친척 집에서 일을 했다. 고등학교 때까지 아버지와 엄청나게 다퉜다. 사춘기를 아주 험난하게 보낸지라 집에서 아버지와 함께 있기 싫었다. 대학 등록금을 벌어볼 요량으로 시작한 일은 적성에 맞았다. 입학식 며칠 앞두고 일은 그만뒀다. 학생으로서 가져보기 어려운 목돈을 손에 쥘 수 있었지만, 꿈같은 나만의 시간은 날려버렸다.

1993년 11월에 입대하여 1996년 2월에 병장 만기 제대했다. 당시 군 복무기간은 26개월이었는데, 보통 남학생들은 입대 전후로 짧게는 6개월 길게는 일 년 정도 휴학을 했다. 하지만 나는 군대 가기 전날까지 미리 시험을 치러 학기를 이수했고, 제대한 지 얼마 되지 않아 바로 복학했다. 덕분에 공백 기간 없이 학업을 이어갈 수 있었지만, 나만의 시간은 갖지 못했다.

대학 시절 방학은 쉼의 시간이다. 하지만 적어도 나에게는 예외였다. 대학생이 되었을 때도 아버지와의 관계는 좋지 않았다. 걸핏하면 등록금을 주지 않겠다는 아버지의 협박은 내 자존심을 긁었다. 그런 아버지가 보란 듯이 방학 때면 공사판으로 가서 막노동을 했다. 몸은 힘들었지만, 등록금과 용돈을 해결할 수 있어 여름, 겨울 가리지 않고 공사판을 다녔다. 어찌나 열심히 일했던지 교사 발령이 난 뒤에도 방학이면 일하러 오라고 전화가 올 정도였다. 임용고시 공부를 시작한 3학년 2학기 겨울방학 이전까지는 늘 방학은 공사판에서 보냈다.

1998년 3월에 발령을 받았다. 그리고 그해 10월에 결혼을 했다. 나는 충남에서 교사생활을 시작했고 아내는 당시 경남에서 근무했다. 결혼을 전제로 사귀던 사이라 결혼하면 전근을 와서 합치기 유리했기에 결혼을 서둘렀다. 따로 떨어져 있는 상태에서 결혼을 준비하느라 그것만으로도 힘이 들었다.

"우린 부부 교사니 방학 때 언제든 여행을 다닐 수 있을 거야. 그러니 신혼여행은 단출하게 다녀오자."

내 제안을 아내는 별 이견 없이 들어줬다. 그래서 결혼식의 꽃인 신혼여행을 경주와 해인사를 드라이브해서 갔다 오는 것으로 끝냈다.

결혼 생활은 순탄하지 않았다. 옥신각신, 티격태격하며 신혼 기간을 보냈다. 그러다 아내가 임신을 했고 2000년에 아들이 태어났다. 아들이 태어나니 우리 둘의 관계에 육아라는 현실적인 문제와 갈등이 엄습했다. 아내와 나는 서로 말수가 줄어들었고 그사이에 아들은 자랐다. 각자의 삶에 그리고 학교에서 교사생활 하는 것도 바빴다. 그렇게 시간은 흘러갔다.

2011년 학습연구년을 하는 그해. 아내는 베테랑 중견 교사였고 아들은 초등학교 5학년이었다. 굴곡이 없지 않았지만, 어느 정도 안정을 찾았다. 하지만 아쉬움이 있었다.

'인생에 한 번도 나만을 위한 시간을 가져보지 못했구나.'

마흔이 될 때까지 난 나만의 시간을 가져보지 못했다. 아니 어떻게 그런 시간을 가지는지, 그 시간을 어떻게 써야 하는지 몰랐다. 학교와 가정에서 교사로서, 가장으로서 정신없이 살다 잠시 짬이 나면 마음 맞는 친구, 동료들과 술잔을 기울이기에 바빴다. 술에 취했다가 다음날이면 다시 일상으로 돌아오기를 반복했다. 무엇을 위해 살아왔는지, 무엇을 위해 사는지, 무엇을 위해 살 것인지 생각할 겨를도 없었다.

이런 인생에 브레이크를 걸었다. '재량활동에 적용 가능한 영화 수업 모형'을 연구하려고 학습연구년을 신청했다. 하지만 사실 연구 주제보다 더 중요한 것이 있었다. 그것은 바로 '나는 앞으로 어떻게 살아야 하는가?' 하는 원초적인 물음에 답을 찾는 것이었다.

40년에 가까운 시간 동안 한 번도 생각해보지 않았던 숙제를 그때 시작했다. 사춘기를 다시 겪는 느낌이었다. 아버지와의 갈등에서 생긴 사춘기는 싸울 대상이라도 있었지만, 이번에는 대상도 없이 온전히 내가 나에게 질문하고 대답해야 하는 이상한 사춘기였다.

지난 시간부터 곰곰이 되돌려 내 인생에서 아쉬웠던 것이 무엇인지 살폈다. 수많은 사건과 인물 그리고 상황이 파노라마처럼 지나갔다. 그중에서 가장 강렬한 아쉬움을 찾았다.

'한 번도 나만을 위한 여행을 떠나보지 않았구나.'

나의 여행은 그렇게 시작됐다.

나의 여행은 제주도를 시작으로 유럽과 미국으로 이어졌다. 내가 결정한 일 중에 가장 잘한 일을 꼽으라면, 마흔이 넘어서 여행을 다니기 시작한 것이다.

내가 신체적으로나 체력적으로 여행에 최적화되어서가 아니다. 여행을 다닐 정도로 돈이 많아서도 아니다. 고백하건대 사실 나는 여행 가면 비행기에서는 물론이고 숙소에서도 잠을 잘 못 자고, 외국 음식이 입에 맞지 않아 한식을 따로 챙겨야 한다. 가장 저렴한 비행편과 숙소를 찾고,

쇼핑이나 기념품은 쳐다보지도 않으며, 돈이 드는 체험활동도 좋아하지 않는다. 대신 이국의 거리를 걸으며 미술관이나 박물관을 즐기고, 우연히 만나는 인연과 상황을 받아들이고 즐긴다.

여행은 그 자체가 큰 체험이다. 여행은 그 자체가 큰 도전이자 모험이다. 나에게 여행은 익숙함을 돌아보며 익숙하지 않은 상황 속에서 나 자신을 찾는 기회가 되었다.

나는 여행을 왜 하는 것일까? 이제 마흔도 넘어 힘들고 고단한 여행을 왜 하는 것일까? 한마디로 딱 잘라 말하기 어렵다. 그렇지만 앞으로도 여력이 있는 한 여행을 다닐 것이다.

우연히 그리고 막연히 시작한 여행. 그것이 내 삶을 바꿔놓을 줄 몰랐다. 그 이유를 명확히 알 수 없지만, 지난 여행을 돌아보며 나는 왜 그 힘든 일을 하는지 이유를 찾아보려 한다.

1장

낯섦이
내게 준
선물 같은
시간들

여행은 무엇일까?

낯선 곳을 다니며 이국적인 풍광을 즐기는 것만이 여행의 전부는 아니다. 여행은 삶과 같다. 삶은 일상이다. 일상은 늘 비슷하고 익숙한 일의 연속이다.

여행과 삶, 일상은 서로 다른 것 같지만 비슷하다. 여행을 떠나 시간이 흐르면 몸과 마음은 새로운 환경에 적응한다. 먹고, 자고, 다니는 일 자체가 삶이고 여행이 된다. 그것은 평소와 다름 없는 일상이다. 단지 장소만 달라졌을 뿐이다.

그러나 그 과정에서 만만치 않은 대가를 치르기도 하고 예상치 못한 어려움을 마주하기도 한다. '관광'과 '여행'을 나누는 기준이 바로 여기에 있다.

어려움이 제거된 편안하고 안정된 여정으로 이뤄진 관광은 나름의 즐거움이 있다. 그러나 불확실한 상황을 극복하며 다니는 여행이 주는 짜릿함은 없다.

관광과 여행의 차이는 단 1m에 불과하다. 관광버스에 타고 있는 사람과 바로 옆의 길을 걷고 있는 사람은 같은 장소에 있지만, 미세한 차이가 있다. 그 차이가 바로 1m다. 같은 공간에 있다고 모두가 같은 느낌을 가지는 것은 아니다.

여행은 좌충우돌이다. 처음부터 익숙하고 완벽한 여행이란 있을 수 없다. 일상에서 벗어나 부족함과 불편함 속으로 들어간다. 그것도 자발적으로. 자발적인 부족과 불편으로 들어가는 여행은 가끔 잊고 있던 자신을 돌아보는 기회가 된다.

나를 위한 첫 여행, 제주

여행을 마음먹다

　　　　학습연구년과 함께 시작한 몸살이 잦아들고 온전한 나만의 시간이란 새로운 환경은 익숙하지 않은 여러 감정을 불러일으켰다. '무엇을 새로 해볼까?' '누구를 만나볼까?' 하지만 그런 생각은 이내 사그라졌다.

　학교로 출근하지 않는 학습연구년이라는 새로운 환경에 적응하는 것이 의외로 쉽지 않았다. 마냥 쉬다 보면 뭔가 할 일이 생길 거라 여겼지만 아무도 간섭하지 않고, 시키지도 않는 상황에 적응되지 않았다.

　새로운 뭔가를 해야 한다는 건 어찌 보면 강박에 가깝다.

　나만의 시간이란 남을 의식하는 그 무언가로부터 자유로워지는 연습을 하는 시간이다. 익숙한 것이 당연한 것이라는 것을 의심하는 시간이다. 오랜 시간 몸에 배어 버린 익숙함을 덜어내는 과정이다.

자는 시간과 상관없이 평소에 일어나는 시간에 눈이 떠졌고 몸은 움직이려고 했다. 불행인지 다행인지 심한 몸살은 그동안 익숙했던 루틴을 한방에 무너뜨리는 기회가 되었다. 몸살이 가시면서 두통은 사라지고 바람은 시원했다. 가득 찬 무언가를 쑥 비워낸 개운함이 온몸을 감쌌다.

그동안의 삶을 돌아봤다. 열심히 살아왔지만, 앞으로 나가기보다는 늘 다시 그 자리로 돌아오는 쳇바퀴 같은 일상이었다. '그동안의 삶은 무의미했는가?' 스스로에게 질문을 한다. 교사가 되기 위해 임용시험을 치르고, 아이들을 가르치고, 가정을 꾸리고 삶을 살아왔다. 무의미하지는 않았지만, 그렇다고 의미 있는 무언가를 찾기 어려웠다.

임용시험 공부를 오래 하면 생기는 특이한 느낌이 있다. 늘 공부하던 책은 아무리 두꺼워도 펴놓고 보고 있으면, 모르는 것이 없어 보인다. 그러나 책을 덮고 표지를 보고 있으면, 아는 것 또한 없는 것 같다. 열심히 한다고 했지만, 그 방대한 내용 중 어디에서 어떤 형태로 문제가 출제될지 몰라 막연히 열심히 공부하던 그때 느꼈던 감정과 비슷했다.

열심히 살았다. 그러나 공허했다. 익숙하지 않은 무언가를 해보고 싶었다. 그것이 무엇인지 고민했다.

많은 것에 익숙하지 않았다. 남들이 다 출근하고 난 후 홀로 버스를 타고 시립도서관을 찾았다. 한적하리라 생각했는데 착각이었다. 사람들이 각자의 직장으로 사라져버린 도시에는 새로운 생태계가 열려 있었다. 카페에선 사람들이 차를 마시고 있었고, 한적하리라고 생각했던 도서관을 찾는 사람도 많았다. 다시 퇴근 시간이 되면 출근했던 직장인들이 거리로 쏟아져 나왔다. 처음 보는 것처럼 낯설었다. 늘 존재하고 있었는데 알지 못했던 무언가를 발견한 짜릿함도 들었다. 그 짜릿함을 또 느끼고 싶었다. 돌아보니 나만을 위해 여행을 다녀본 적이 한 번도 없었다. 여행을 가기로 마음먹었다.

어느 날, 제주 일주도로를 한 바퀴 도는 자전거 여행에 관한 기사를 봤다. '자전거로 하는 제주 일주'라는 문구에 꽂혔다. 제주는 그간 몇 번 가보았지만, 버스에 실려 이리저리 다닌 터라 별 기억이 없었다.

작은 배낭을 하나 사서 몇 개의 옷가지를 넣고 3월의 제주를 만나러 갔다. 제주공항에 도착해 근처 자전거 대여점에서 예약해둔 자전거를 빌렸다. 어릴 적 자전거로 학교를 다닌 경험이 있어서 자전거 타기는 자신 있었다. 무엇보다 제주 해안을 자전거로 돌아볼 수 있다는 점에 끌렸다.

제주를 4등분 해서 하루에 1/4씩 돌 수 있도록 계획을 짜고 4박 5일의 일정을 잡았다. 늘 할 수 있는 것이 아닌 다시 할 수 없는 상황을 만나면, 두 가지 중 하나를 선택한다. 쓸 수 있는 모든 돈을 다 써서라도 경험을 해보거나, 아니면 최소한의 투자만 한다. 난 후자에 가깝다. 자전거와 숙소를 고를 때 가장 저렴한 것을 골랐다. 대여하려고 보니 자전거의 종류가 그렇게 많은지 몰랐다. 거기다 가격도 천차만별인데 겉으로 보기엔 다 비슷해 보였다.

자전거를 빌리고, 배낭을 결속하고 자전거를 타고 제주 투어를 시작했다. 해안도로라도 제주시 안에서는 여느 도시의 도로와 다를 것이 없었다. 그러나 제주시를 벗어나자 해안도로는 제주의 절경을 내어주기 시작했다. 시원한 바람과 이국적인 경치를 맛보며 자전거를 타고 달린다는 건 짜릿한 경험이었다.

몸으로 제주 익히기

자전거로 제주를 일주할 때는 보통 시계 반대 방향으로 돈다. 240km의 제주 일주 해안도로를 자전거로 달려보면 제주의 지형을 대략 알 수 있다. 버스 타고 다니던 때와는 비교할 수 없을 정도로 몸이 제주를 익혀간다.

자전거를 대여하면 제주 지도와 함께 일주도로 주변의 자전거 수리점의 연락처가 적힌 종이를 따로 준다. 그리고 차량을 이용한 점프 서비스도 알려준다. 점프 서비스란 중도에 일주를 포기하거나 일정 구간을 차

량으로 이동해주는 유료 서비스다. '일주하러 왔으면 끝까지 가야지 무슨 서비스를 받는단 말인가?'

그러나, 자전가 타기를 쉽게 생각했던 나는 하루 만에 고민에 빠졌다. 생각보다 자전거 여행은 쉽지 않았다. 학창시절 온종일 자전거 탔던 것만 생각했지 그동안 내 체력이 나빠진 것은 고려하지 않았던 탓이다.

제주도는 만만한 곳이 아니었다. 물론 일주도로와 그 사이사이 이어주는 해안도로는 절경이었다. 하지만 오르막과 내리막이 교차하는 지점이 나오면 정말 힘들었다. 허벅지는 터질 듯 아파왔고 엉덩이는 짓물러왔

다. 바지 밑에 수건을 넣어 보기도 했지만, 별 도움이 안 됐다.

제주에 많은 것이 바람, 돌, 여자라는데 여자는 몰라도 확실히 돌과 바람은 많았다. 처음에는 멀리 풍력발전기가 보이면 신기한 것을 보는 즐거움이 있었다. 특히 해안에 줄지어 서서 도는 모습을 보노라면 친환경 재생에너지에 대해 아이들에게 설명해줄 거리가 생겼다고 좋아했다.

하지만 그건 차를 타고 갈 때나 즐거움이다. 풍력발전기가 많다는 건 그만큼 바람이 많이 분다는 뜻이다. 그 바람이 뒤에서 불면 달리는 데 도움이 되지만, 반대라면 정말 힘들다. 불행히도 자전거를 타는 내내 바람은 앞에서 불었다.

제주는 둥글다. '반대 방향이 되면 앞에서 불어오는 바람은 자연스럽게 뒤에서 불 것이고 그럼 좀 편안해지겠지. 그래 세상에 공짜는 없는 거야.' 이를 악물고 달려 중간 지점을 돌았다. 하지만 바람의 방향도 바뀌었다. 안 되는 건 안 되는 거다. 그냥 달릴 수밖에. 음악도 듣고, 생각도 하고 경치 좋은 곳에서 사진도 찍으며 여유롭게 다녀야겠다는 소박한(?) 계획은 그저 목적지까지 잘 도착하는 것으로 바뀌었다.

그래도 제주는 제주다. 종달리 해안도로에 다다르자 제주는 또 다른 모습을 보여줬다. 한라산을 기준으로 제주시와 서귀포의 모습이 달랐고 곽지와 성산포의 모습이 달랐다. 말로만 듣던 '에메랄드빛 바다'가 어떤 건지 김녕해수욕장에서 직접 확인했다.

허리 아래로는 고통이, 눈으로는 찬란한 아름다움이 교차한다. 그렇게 제주를 한 바퀴 돌았다.

나는 왜 교사가 되었을까?

자전거로 제주를 달리는 길은 아름다운 풍경과 지쳐가는 체력을 눈과 몸으로 확인하는 순간의 연속이었다. 차량이 많지 않은 해안도로에 다다르면 이어폰을 꺼내 아름다운 음악을 들으며 천천히 달렸다. 천천히 달리며 아름다운 음악과 풍광을 함께 감상하는 것은 제주 여행에서 무엇과도 바꿀 수 없는 기쁨이자 즐거움이었다.

고민이 아닌 상념에 빠져도 좋았다. 누구의 간섭도 없이 생각에 빠지다 보면, 문득 내가 왜 교사가 되었는지 과거 속으로 들어가 예전의 나를 만나기도 했다. 나는 왜 교사가 되었을까? 어떻게 보면 무척 철학적인 물음이지만, 지난날을 돌아보면 교사의 길을 택한 것은 아주 우연이었다.

난 고3이 될 때까지 진로에 대해 별다른 생각이 없었다. 정확하게는 무엇이 되어야겠다는 생각 자체를 할 겨를이 없었다.

"승민이는 열심히 하면 전문대학교는 갈 수 있겠구나."

1991년 겨울. 학력고사가 끝난 고2 교실은 1992년 입시 준비가 시작되었다. 한 명 한 명의 성적을 살피며 상담하시던 담임선생님은 내 성적으론 4년제 정규대학을 가기 어렵다고 하셨다. 그때 나는 내가 공부를 못한다는 사실을 인정해야 했다. 중학교 땐 공부를 제법 한다고 생각했는데 고등학교 오니 한계가 왔다.

공부를 못하면 못한다고 생각하지 않는다. 안 하는 것이라고 핑계 댄다. 안 해서 못한 것이지 하면 잘할 수 있다고 자신을 속이지만 정작 공부를 하지 않는다.

학력고사를 치르던 당시에는 국영수의 실력이 대학 당락의 분수령이었다. 최소한 국영수 중 두 과목에서 평균 이상의 성적이 되어야 4년제 대학을 노려볼 수 있었는데, 난 영어와 수학을 합친 점수가 국어 점수보다 낮았다. 영어 수학이 바닥을 기는 상황에서 대학을 가긴 요원했으니 담임선생님이 전문대를 목표로 삼길 권한 것이다.

뭔가 가슴 속에 오기가 생겼다. 당시 사춘기였던 난 아버지와 엄청난 갈등을 겪고 있었다. 가출만 하지 않았을 뿐이지 늘 집에만 가면 긴장의 연속이었다. 아버지는 당신이 못한 공부를 큰아들인 내가 잘해서 좋은 대학에 가주길 바랐다. 하지만 난 늘 술에 취해 가정의 폭군으로 군림하는 아버지가 미웠다. 미웠기에 숙이기도 싫었다. 아버지는 기대하는 큰아들이 대학에 갈 수 없는 성적이란 걸 몰랐다. 나 역시 먼저 밝히고 싶지 않았다. 하지만 대학은 가고 싶었다. 대학생이 되어 무언가를 꿈꾸고 해보기 위해서가 아니라 단지 집을 벗어나고 싶다는 마음이 더 강했다.

나는 두 분의 숙부가 계셨는데 각각 초등학교와 중학교 교사이셨다. 술에 의존해서 살던 아버지와는 달리 두 분의 숙부는 학창시절 출중한 공부 실력과 품행으로 나에게도 많은 영향을 주셨다. 특히 장손인 나에게 아낌없는 격려와 지지를 보내주셨다.

그때 어렴풋이 교사의 꿈을 생각한 것 같다. 그나마 국어에 자신이 있었으니 고등학교 국어교사를 생각했다. 그러나 국립사범대학교에 들어가기가 어렵다는 걸 몰랐다. 그때 두 번의 조언을 얻을 기회가 생겼다.

"사범대는 앞으로 교사 되기 어렵다. 교대에 가는 것이 어떠냐?"

고3 담임선생님이 해주신 한마디에 교대가 뭐 하는 곳인지 찾아봤다.

'뭐? 초등학생을 가르치는 교사라고?'

친구들에게 초등학교 교사가 어떠냐고 물어보면, 여지없이 듣던 말이

있었다. "네가 초등학교 선생인데, 우리 애 담임이면 난 이민 간다." 친구들이 보기에도 철부지 꼬맹이들과 뒹구는 내 모습을 상상하기 어려웠나 보다.

당시에는 3, 4월이면 대학을 간 선배들이 학교에 찾아와 자신의 선생님을 찾아뵙고 공부하는 후배 고3을 격려하던 전통이 있었다. 볼펜 한 자루, 초코파이나 요구르트 한 병씩 받으며 선배들의 고3 생활을 듣는 재미도 쏠쏠했다.

"교대에 관심이 있는 학생은 상담실로 모여라."

교대 다니던 선배 몇 명이 학교를 찾아왔고 당시 자율학습 감독 선생님은 교대 선배들과의 만남을 주선해줬다.

지금은 교대에 입학하기가 몹시 어렵지만, 1992년 당시엔 그렇지 않았다. 임용이 적체되어 인기가 떨어졌고, 임용고시에 대한 불안과 교사 양성 방식의 변화로 매년 시위가 끊이질 않았다. 특히 한 성(性)이 75% 이상 입학할 수 없다는 규정이 있어 여학생에 비해 남학생이 상대적으로 입학하기 수월했다. 상대적으로 수월하단 뜻이지 그때 내 성적으론 교대 입학은 높은 담벼락 그 이상이었다.

교대를 가겠다는 목표는 정했다. 이젠 방법을 찾아야 했다. 영어와 수학을 기초부터 착실히 다지기엔 시간이 부족했다. 시간을 되돌릴 수는 없으니 가장 확실한 방법을 찾아야 했다.

'선생님과 친구들의 도움을 받아야겠다.'

어린 마음에도 선생님과 친구들에게 매달려야겠다고 생각했다. 대체 뭘 믿고 그런 생각을 했는지 모르겠지만, 그건 탁월한 선택이었다. 도움은 그냥 받을 수 없었다. 난 아무도 하고 싶어 하지 않는 고3 반장에 자원했다. 선생님들의 심부름과 전달사항을 알리고 매시간 담당 선생님께 인사를 할 수 있었다. 봉사활동을 한다는 생각으로 시간을 쪼개 열심히 했다.

"가장 쉬운 문제집을 알려줘."

수학에 집중하기로 했다. 공부 잘하는 반 친구에게 속사정을 이야기하고 도움을 구하니 몇 개의 문제지를 권해줬고, 서점에 가서 가장 보기 편한 것을 샀다. 그러나 별 기초가 없으니 어렵긴 마찬가지였다. 야간 자율학습 시간에 이리저리 돌아다니며 문제 풀이를 부탁했다. 친구들은 성심껏 가르쳐줬다. 그들도 공부를 해야 하는 처지라 많이 물어보지 않고 한

두 문제씩 부탁했다.

친구들이 풀어주는 문제는 내가 다시 노트에 옮겨 풀었다. 몇 차례 묻고 답하다 보면 어느 순간 이해가 되고 깨끗이 정리해서 스프링 노트에 옮겨 붙여 틈만 나면 외웠다. 모의고사를 치르면 끝나고 틀린 문제를 같은 방식으로 물었다. 특히 알 듯 말 듯 한 문제는 알 때까지 물었다.

"너도 공부해야 하는데 귀찮지 않니?"

유독 친절하게 대해주는 친구에게 조심스레 고마움을 표시했다. 나에게 설명해주다 보면 자기 공부도 되니 너무 미안해하지 않아도 된다는 친구의 말에 힘을 냈다.

그렇게 만든 오답노트는 점점 두꺼워졌고 대입 시험에 임박했을 무렵엔 무려 800문제나 수록되어 있었다. 죽기 살기로 달달 외웠다. 내가 알고 있는 800문제 안에서 시험이 출제되길 간절히 바라면서 시험장으로 향했다.

당시 먼저 대학과 학과를 지망하고 그곳에 가서 시험을 치르는 선지원 후시험제도라 한 번의 시험으로 모든 것이 결정되었다. 하늘이 도왔는지 1991년에 어렵게 출제된 수학이 1992년 입시에서는 비교적 쉽게 출제되었고 난 그중 반을 맞출 수 있었다.

새벽에 시험장에 입실해 해 질 녘 어스름과 함께 나왔다. 오랜만에 하늘을 쳐다봤다. 차가운 날씨에 시리도록 맑은 하늘이 붉게 물들어가는 장면을 잊을 수 없다. 고3 생활을 다시 하라면 못할 것 같았다. 그동안 공부해온 과정을 다시 더 하기 싫을 만큼 후회도 없었다. 떨어져도 재수는 안 할 것이라 다짐하며 발표를 기다렸다. 다행히 아주 우스운(?) 성적으로 교대에 합격했다.

시련은 한 번으로 끝나지 않는다

힘든 고난과 시련은 한 번만 오지 않는다. 교대에 입학한 것은 천운과 노력이 따랐지만, 교사가 되는 길은 쉽지 않았다. 입학하기에 급급했지 교사가 되기 위해 어떤 공부와 무슨 활동을 해야 할지 알지 못했다. 그저 놀고 싶고 쉬고 싶었다.

처음으로 가족과 떨어져 친구들과 자취를 하면서 대학 생활의 자유를

누렸다. 자유에는 대가가 따른다. 수업은 빠지지 않고 들어가고 리포트도 제출하며 시험도 치렀지만, 성적은 바닥을 헤맸다.

까까스로 입학한 나와 달리 친구들은 다들 고교 때 공부의 기본 바탕은 되어 있어 학사경고에 근접하는 내 성적표와는 달랐다. 간혹 장학금도 받는 친구들이 내 성적을 물어보면 늘 대수롭지 않은 척했지만, 속으로는 공부로는 넘을 수 없는 벽 같은 것을 느꼈다. 며칠 벼락치기 공부를 하고서도 시험문제를 푸는 친구들을 보며 공부에 최적화된 로봇이 아닐까 하는 착각도 들었다.

방학 때면 늘 공사판을 전전하며 돈을 버는 재미도 있었다. 아버지에게 경제적으로 도움 받지 않고 살겠다는 알량한 자존심까지 더해 악착같이 일했다. 그러니 공부는 늘 뒷전이었다.

1993년 11월. 2학기를 조기에 마치고 군대에 입대해서 1996년 2월 3학년에 복학했다. 당시 90학번까지는 학교에서 군사교육을 받고 군에서 기초군사훈련을 마치면 예비역 하사RNTC로 군 복무를 마치게 해주는 특례가 있었다. 92학번으로 입학한 나는 성적이 낮아 학군장교ROTC 지원도 할 수 없었다. 학교로 돌아오니 동기 여학생들은 다 졸업했으며, 동기 남학생들도 군대에 가거나 졸업해서 학교에는 복학생이 몇 명 없었다.

동기들이 졸업하는 해 임용고시는 무척 어려워서 합격한 동기들이 많지 않았다. 제대하기 전 이 소식을 듣고 덜컥 겁이 났다.

"남대문에서 옷 장사나 같이 할까?"

군대에서 만난 친구가 남대문에서 장사를 하는데 들어보니 교사 하는 것보다 훨씬 돈을 잘 번다고 자랑하며 함께하자고 제안했다. 공사판에서 일 잘한다고 작업반장은 방학 때마다 일자리를 주선해줬던 터라 남은 2

년간의 대학 생활을 포기할까 하는 생각도 했었다.

"그래도 남은 기간 최선을 다해보고 안 되면 다른 길을 가거라."

한 번도 싫은 소리, 잔소리 한번 안 하시던 어머니는 제대를 앞둔 나를 앉혀두고 짧지만 굵게 말씀하셨다. 아버지와 수없이 다투며 방황하던 시절에도 묵묵히 지켜보며 응원해주시던 어머니의 말씀은 크고 무거운 망치로 가슴을 치는 것처럼 울렸다.

복학을 하면서 마음을 다잡았다. 학교에 갈 때는 최대한 정갈한 옷을 입었다. 강의실에 제일 먼저 가서 앞자리에 앉아 교수님과 눈을 마주쳤다. 머리가 안 되면 몸이 기억할 때까지 익혔다.

'졸업 평점 2.0' 2학년 때까지 1점대로 엉망인 학점을 메우고 졸업하기 위해서는 전 학년 성적의 평균이 2.0을 넘어야 했다. 남들은 대충해도 되는 졸업 평점을 맞추기 위해 발버둥을 쳐야 한다는 사실에 알량한 자존심도 버리고 공부했다.

초등학교로 실습을 나갔을 때 비록 내가 학과 공부는 못하지만, 아이들과 수업하고 노는 것에는 소질이 있다는 것을 알았다. 특히 못 하는 아이들이 애틋하고, 사고뭉치인 아이들은 귀엽게 보였다.

'어떻게든 교사가 돼야겠다.'

막연하게 대학 가면 다 될 줄 알았는데 성적이 안 돼서 포기하려 할 때 교사를 해야 하는 이유를 찾았다.

제대하고 난 뒤엔 어른이라 생각했다. 내 인생에 책임을 져야 한다는 각오도 다졌다. 같이 공부하던 후배들과 공부 모임도 만들어 아침부터 밤늦게까지 임용고시를 준비했다. 하지만 나만 열심히 한 것이 아니기에 한참 낮은 학점은 아무리 노력해도 빨리 메워지지 않았다. 그래도 겨우 졸업 평점은 넘길 수 있었다.

성적이 낮아 당시 가장 경쟁률이 낮았던 충남에 시험을 치렀고 다행히 그해 합격했다. 교사가 되는데 인생의 두 번의 행운을 다 써버린 기분이었다. 하지만 아직 모르는 것이 있었다. 교사가 되어 겪게 될 파란만장한 이야기에 비하면 교사가 되기 위한 여정은 예고편에 불과했다는 것을.

은사님을 보내다

나의 스승 구자인 선생님을 1984년 5학년 담임선생님으로 만났다. 전학을 자주 다녀 적응하기 어려웠을 때 선생님은 많은 도움을 주셨다.

구자인 선생님은 특별했다. 그 시절에 학급 문집을 만드셨고, 그 시절에 아이들과 수학여행을 가시던 분이셨다.

"무엇이든 물어보거라."

무료한 어느 오후 수업시간, 선생님은 그동안 공부하거나 생활하면서 모르는 것이 있으면 물어보라 하셨다. 처음엔 뭔가 주저하던 아이들이 궁금한 것을 물어보기 시작했고, 선생님은 열심히 설명해주셨다. 그때 우린 어렸고, 아이들은 말도 안 되는 질문을 해놓고 떠들었다. 선생님은 아이들을 혼내지 않고 눈을 감고 하나하나 대답해주셨다. 왁자지껄하게 떠드는 교실 속에서 선생님은 고행이라도 하시는 듯 진지하게 아이들의 질문을 받고 대답하셨다.

구자인 선생님은 무언가 달랐다. 책 읽기를 좋아하던 나는 책이 해결해주지 못하는 건 선생님에게 물었다. 소풍 가는 길에 선생님 옆을 졸졸 따라다니며 조잘거리던 난 아마 선생님에 대한 관심과 사랑을 표현하고 싶었나 보다.

난 전학을 많이 다녔다. 5학년이 되어선 괴롭힘을 많이 당했다. 한 명의 아이가 괴롭혔는데, 그 아이는 5학년이었지만, 학교 전체에서 가장 싸움을 잘했다. 그러다 6학년 때 같이 태권도를 하면서 친해지게 되었다. 그렇게 초등 시절이 지났다.

고등학교 다닐 때 구자인 선생님의 소식을 들었다. 건강이 안 좋아 돌아가셨다는 소문이 돌았다. 하긴 5학년 때도 얼굴이 무척 검으셨다. 그런가 보다 하고 말았다.

교사가 되어 충남에서 경남으로 창원에서 마산으로 마산에서 삼계초등학교로 발령받았다. '교감 구자인' 어디서 많이 보던 얼굴이었다. 난 선생님을 보자마자 교무실에서 큰절을 올렸다. 그렇게 선생님과 교감과 교사로 다시 만났다.

"체육부장 하이소."

6학년 담임에, 체육부장. 당연히 했다. 어느 분의 부탁이라 거절할까? 열심히 했다. 난 구자인 선생님과 함께 근무하는 것이 좋았다. 선생님은 술을 드시지 않았고, 학교의 모든 뒤풀이 행사는 안 오셨다. 다 건강 때문이라고 사람들이 말했다. 나도 그런가 보다 하고 생각했다.

2005년 6학년 할 때 수학여행을 갔다. 구자인 선생님은 교감으로 인솔하셨다. 저녁이 되자 술 한잔하자고 하셨다.

"괴안타, 내 술 잘 마신다."

숙소 앞 포장마차에서 처음이자 마지막으로 선생님과 술 한잔을 했다. 그때 처음 들었다. 선생님은 5학년 때 날 괴롭히던 아이를 매일 불러 타일렀다고 한다. 괴롭히지 않으면 100원씩 용돈도 줬다고 한다. 그때까지 난 내가 잘해서 괴롭힘을 이겨낸 것으로 생각하고 있었다.

"니는 언제든지 술 사주꾸마." 난 그것이 언제든 계속될 줄 알았다.

광려초에 교장으로 발령 나셨다. 2년도 채 남지 않은 기간 동안 교장으로 열심히 근무하셨다. 아내가 광려초에 근무하던 때라 한 번씩 찾아뵙곤 했다. 퇴임을 하셨다. 퇴임하기 전에 식사를 하고 싶었다.

"밥은 무슨…. 안 할란다."

거절하셨다. 알고 보니 저녁 시간에 누구도 만나지 않으셨다 한다. 아쉬웠다. 그렇게 선생님은 퇴임하셨다. 선생님은 퇴임하시고 자주 찾으시던 절에 들어가 봉사활동을 하신다는 소식을 들었다.

자전거로 제주를 일주하던 둘째 날 전화가 왔다.

"승민아! 소식 들었어? 구자인 선생님 돌아가셨대."

청명한 제주 어느 해안도로 변에 자전거를 세웠다. 한참을, 다시 한참을 울었다. 너무 아쉬웠다. '그때 식사 한번 하자고 더 졸라볼걸', '고맙다고, 감사하다고 사랑한다고 한 번이라도 말해볼걸.'

매년 스승의 날이면 나의 스승이신 구자인 선생님이 그립다.

'선생님의 뜻을 잘 펴겠습니다. 기억하고 잊지 않겠습니다. 선생님 사랑합니다.'

영화교육 인터뷰를 위해 찾아간 유럽

무작정 그리고 우연히

제주여행을 다녀오고 난 후 새로운 여행은 우연히 시작되었다. 난 오랫동안 영화로 수업을 했다. 교사들과 함께 연구할 기회가 없어 영화를 보고 이야기하는 건 온라인에서 만난 영화 동호회 회원들이었다. 대준이는 그때 만난 후배였다. 나이는 10살이나 차이 나지만, 영화를 전공하고 독립영화도 찍은 영화감독 지망생이었다. 그와의 대화는 늘 신선하고 재미있었다.

"이번에 유럽여행을 갈 거예요."

영국에서 공부하는 누나가 있던 대준이는 그걸 기회 삼아 간다고 했다. 대준이의 말은 마침 제주를 시작으로 막 여행을 경험한 내 가슴에 불을 질렀다.

기회가 되어서 여행을 하는 것이 아니라 구실을 만들어서 가야 한다.

원하는 것이 있으면 기회는 온다. 기회는 우연히 찾아오지만, 기회를 현실로 만드는 건 또 다른 과정이다. 기회는 찾아오는 것이기도 하지만 만드는 것이기도 하다.

2011년 나의 학습연구년 주제는 '창의적 체험활동에 적용 가능한 영화 수업 모형'이란 거창한 제목을 가지고 있었다. 오랫동안 영화 수업을 해오면서 그 결과를 인터넷카페에 공유하고 있었다. 카페 회원 중 친하게 지내던 분의 조카가 결혼한다는 소식을 들었는데, 조카사위가 영국인이고 영국에서 영화 평론을 한다는 것이었다. 내 이야기를 들은 평론가인 조카사위는 영국에 오면 언제든지 영화교육에 대한 인터뷰를 해준다고 약속했다.

당시엔 영화를 만드는 것이 아닌 영화 리터러시에 관한 문헌이 그리 많지 않았고, 간혹 보는 보고서나 논문에는 외국의 영화교육 사례가 수록되어 있었다. 학습연구년이란 적절한 시간, '직접 영화 전문가와 인터뷰를 해보면 어떨까?' 하는 희망, 배낭여행을 가보고 싶다는 소망 그리고 함께 가줄 동료도 있다는 생각에 무작정 여행을 떠나기로 했다.

2011년 4월 13일부터 5월 2일까지 중국 상해를 경유하여 로마, 피렌체, 베네치아, 밀라노, 니스, 칸, 보르도, 파리, 런던으로 이어지는 여행의 노정은 대준이의 노력으로 이뤄졌다.

자유여행으로 외국을 처음 가는 나는 항공, 교통, 숙박에 대해 어떻게 해야 하는지 몰랐다. 그래서 내가 정한 원칙은 최대한 대준이에게 맞추기였다. 여행 경험도 많고 영국 가서 인터뷰를 할 때도 통역을 해줄 거라 생각했다. 두렵지만 가벼운 마음으로 출발했다.

내가 이렇게 영어 단어를 많이 알고 있었다니

상해에서 로마까지 처음으로 경험해보는 12시간 넘는 장거리 비행은 적응이 잘 안 되었다. 비행기에서 잠을 못 자는 건 이후 다른 여행에서도 계속되었지만, 비행기 안에서는 무엇을 해도 시간이 안 간다. 억지로 눈을 붙이려 해도 잠이 오지 않아 몽롱한 상태로 로마 피우미치노 공항에 도착했다. 유럽에 도착했으니 이제 대준이만 졸졸 따라다니면 된다고 생각하니 오히려 마음은 편했다.

배낭을 챙겨 밖으로 나가다가 입국 심사하는 길을 잠시 헷갈려 돌아오는 바람에 심사하는 줄이 엄청나게 늘어났다. 유럽인들은 전용 통로를 통해 따로 간단한 입국수속을 하고 비유럽인들은 한 시간 넘게 기다려 입국심사를 한다.

'영어가 짧은데, 뭐라고 말해야 하나?'

이탈리아에는 뭘 하러 왔는지, 얼마나 있을 예정인지, 어디서 묵을 건지, 출입국에서 물어볼 만한 예상 질문을 영어로 대답하기 위해 머리를 싸맸다. 순서가 돌아와 두근두근하는 마음으로 여권을 보여주니 이탈리아 직원은 한국말로 "안녕하세요"라고 인사하고는 입국 도장을 찍어줬다. 기다리는 동안 고민했던 것에 비해 허무할 정도로 간단했다.

안도한 것도 잠시. 여행에서 가장 어려운 코스인 첫날 첫 숙소를 찾아가는 일이 남았다. 저녁 늦게 도착해서 이미 밤이 늦었고 공항에서 시내인 테르미니역까지 가는 마지막 급행열차는 떠나버린 상태였다. 전철과 버스를 갈아타면서 숙소까지 가야 했다. 설상가상 예약해둔 한인 민박집과 연락이 제대로 되지 않았다. 하지만 별 걱정하지 않았다. 여행 경험이 많은 대준이가 이 위기를 무사히 넘기고 숙소까지 안전하게 데려다줄 것이라 믿었다.

하지만 대준이의 영어 실력이 별로란 사실을 알아차리는 데 그리 오래 걸리지 않았다. 더구나 대준이는 지나가는 외국인에게 물어보려 하지 않았다. 대준이를 졸졸 따라다니며 여행하면 되겠다는 안일한(?) 내 계획은 도착 첫날부터 수정해야 했다. 따라다니는 여행에서 함께 하는 여행으로 강제로 바뀌었다.

낯선 이국땅에서 여행을 하려면 제일 먼저 체면이나 부끄러움을 버려야 했다.

"여기로 가려면 어떻게 해야 합니까?"

도와줄 것 같은 사람이 보이면 알려줄 때까지 물었다. 영어 어순을 생각할 겨를이 없었다. 머릿속은 복잡하게 돌아갔고 난 필사적으로 단어를

찾았다. 인쇄해둔 숙소의 주소를 보여주면 10명 중 한 명은 꼭 원하는 답을 줬다. 궁하면 통한다는 간단한 진리를 깨닫는 데 오래 걸리지 않았다.

여행에서 영어는 필수다. 그러나 유창하게 해야 하는 건 아니었다. 사실 여행자의 영어는 그리 복잡한 것이 아니다. 방향과 위치를 묻거나, 어떤 버스나 지하철을 어떻게 타야 하는지, 식사 메뉴를 고르고 주문을 하며 입장권을 사는 데 필요한 영어만 할 줄 알아도 충분했다.

대신 예의는 필수였다. "익스큐즈 미"로 시작해서 최대한 밝은 얼굴과 친절한 태도로 물어보면 거의 대부분 알려줬다. 한국에 온 외국인이 길을 찾기 위해 어눌한 한국어로 물어온다면 어떻게 할 것인가? 그렇다. 외국인에게 유창한 한국어를 요구하지 않듯이 그들도 외국인인 나에게 유창한 영어를 요구하진 않았다. 대신 정확한 목적지나 명칭의 단어만 알고 있으면 보디랭귀지는 훌륭한 의사소통 도구였다.

몇 번 이런 경험을 하자 기본적인 의사소통 능력은 점점 늘었다. 이젠 누구에게 물어야 확실하게 대답해줄지를 가늠하는 안목을 늘여야 했다. 무엇을 물어봐야 할 때 답을 해줄 사람을 찾는 나만의 방법을 찾았다.

먼저 경찰이나 제복을 입은 사람에게 물어보면, 거의 대부분 원하는 것을 들을 수 있었다. 다음은 옷을 잘 차려입은 사람에게 물어보고, 그도 없으면 얼굴이 편안해 보이는 사람에게 물어봤다. 몇 번 시도해보면 이런 사람들이 잘 알려줬다. 이유가 뭘까? 옷을 잘 차려입은 사람은 자기관리를 잘하는 사람이라 타인에 대한 여유가 있어 귀담아 들어줬다. 얼굴이 편안해 보이는 사람은 친절할 가능성이 컸다. 친절한 사람은 친절을 많이 받아봤기에 모르는 타인에게도 친절을 베푸는 듯했다. 바빠 보이는 사람이나 무뚝뚝한 사람은 피했다.

대신 "아임 쏘리"에 익숙해져야 했다. 손사래를 치거나 정말 몰라서 알려주지 못하는 경우도 많았다. 거부당하는 것에 부끄러워하지 않아야 했다. 그래봤자 난 여기선 이방인이고 원하는 것을 얻으려면 나부터 친절하고 예의 바르게 행동하는 법을 터득해야 했다.

우여곡절 끝에 숙소에 연락이 되었고 버스정류장에 마중 나온 주인아저씨를 보자마자 초면에 덥석 안았다. 꼭 집을 잃은 아이가 집을 찾은 것처럼 기뻤다.

보르게제에서 미술에 눈을 뜨다

로마에 왔으면 바티칸을 간다. 그런데 바티칸 박물관을 가려면 예약을 해야 한다는 사실을 몰랐다. 그 사실을 알았을 땐 엄청난 줄을 확인하고 난 뒤였다.

"형님, 오늘은 여유 있게 로마를 즐기죠?"

대준이의 말에 여유로운 루트를 선택해 성 베드로 성당과 산탄젤로성을 산책했다. 물론 이렇게 가려고 의도한 것은 아니었고 예정에도 없었던 테레베 강변과 로마의 골목길 걷기라는 이색적인 체험도 시작되었다. 그러다 건물이 사라지고 보르게제 공원이 나왔다. 나보나 광장, 스페인 광장, 트레비 분수, 판테온 등 로마의 주요 관광지와 보르게제 공원은 멀리 떨어져 있지 않지만, 여행객들이 일부러 찾는 곳은 아니다. 짧게 머무르는 여행객은 안 그래도 봐야 할 구경거리가 많은 로마에서 하나라도 더 보기 위해 발품을 팔아도 모자라기 때문에 유유자적하게 공원을 거닐

시간이 없다. 그런데 우리는 왜 보르게제에 왔을까? 이유는 단 하나다. 길을 잃었기 때문이다.

길을 잃은 것에 대한 보상이었을까? 공원을 한참 가로질러 가다 보르게제 미술관을 발견했다. 무언가에 홀린 듯이 입구에 도착해보니 또 다른 난관이 있었다. 보르게제도 예약제로 운영되고 있었고 마침 토요일이라 다른 날보다 일찍 폐관하는데다가 마지막 시간대 관람객이 이미 들어갔다고 한다. 대준이와 나는 입장을 진행하는 직원에게 사정을 했다.

"40 minutes!"

몇 차례 이야기 끝에 정상관람이 2시간인데, 40분의 자투리 시간이지만 감상하라는 허락을 받았다. 정상적인 절차로는 입장이 가능하지 않지만, 절박하게 사정하는 우리를 보고 직원이 눈감아준 것이다. 우리는 빛의 속도로 들어갔다.

출처: 위키아트(https://www.wikiart.org)

'페르세포네의 납치.' 저승의 신 하데스가 대지의 여신인 테메테르의 딸 페르세포네에게 반해 납치하는 장면을 형상화한 베르니니의 작품 앞에서 입을 다물지 못하고 멍하니 쳐다보았다. 지옥으로 가지 않으려는 페르세포네를 단단히 움켜쥔 하데스의 손이 생생하게 표현되어 있었다. 마치 살아 있는 여인의 허리와 허벅지를 꽉 움켜쥔 듯한 모습은 과연 이것이 돌로 만든 작품이며 정말 인간이 조각한 것이 맞는지 의심될 정도로 놀라웠다.

더욱더 놀라웠던 것은 미술은 전혀 나와 상관없는 영역이고 문외한이라 생각한 나조차 입을 다물지 못하고 있다는 사실이었다. '미술 작품을 보고 이렇게 경탄할 수 있다니!'

40분의 시간은 찰나처럼 순식간에 지나갔고 난 상기된 얼굴로 보르게제를 나왔다.

왜 그렇게 아름답다고 생각했을까? 아름다운 것은 따로 설명을 필요로 하지 않았다. 아름답다고 느끼고 깨닫는 데 오랜 시간이 걸리지 않았다. 순간과 찰나만으로 충분했다. 왜 그랬을까? 왜 그럴까? 아름다움에 대한 생각은 계속되었다. 느낌과 쾌감 그리고 전율까지 오는 짜릿함을 온몸으로 느꼈지만, 그것을 설명하는 것은 쉽지 않았다.

하지만 바뀐 것이 있었다. 앞으로 찾아갈 도시에 있는 미술관을 필수

코스로 잡았다. 또 다른 짜릿함이 기다리고 있을 것 같은 막연한 기대 때문이었다.

니스에서 보르도까지 13시간의 기차 연착

　　　　　　　　로마에서 시작한 여행은 피렌체와 베네치아, 밀라노를 거쳐 프랑스로 들어가 칸과 모나코를 거쳐 니스에 다다랐다. 세계 3대 영화제 중 가장 권위 있는 칸 영화제가 열리는 칸의 모습을 뒤로하고 니스에서 보르도로 가는 기차에 올랐다.

마침 부활절을 앞두고 있어 기차는 빈자리 하나 없이 꽉 찼다. 로마에서 니스까지 이동할 때 늘 기차를 타왔기 때문에 기차를 예매하고 탑승하는 데 익숙해졌다. 그런데 보르도 가는 기차는 탈 때부터 뭔가 이상했다. 분명 우리가 예약한 자리인데 터번을 두른 아랍 가족이 앉아 있었고 서로 말이 통하지 않아 출발할 때까지 실랑이를 벌였다. 다행히 옆에 있던 프랑스 아가씨의 도움을 받아 다른 자리에 앉을 수 있었다. 혹시나 중간에 이 자리에 주인이 나타나 빼앗기지 않을까 염려했지만, 친절한 아가씨는 그때마다 미소를 지으며 안심시켜줬다.

보르도로 가는 기차는 오후 1시 28분에 출발하여 밤 9시 50분에 도착할 예정이었다. 그런데 계속 연착을 했다. 연착을 알리는 방송이 나오자 승객들은 한숨을 지었다. 기차가 연착하는 상황이 무엇인지 자세히 알 수는 없었지만, 뭔가 잘못되었다는 것은 알 수 있었다. 그런데 한두 시간 가다 또 한두 시간 정차하는 일이 벌어졌지만, 기차 안 상황은 안내 방송이 나오고 승객의 한숨 이외에는 불만을 표출하는 사람을 볼 수 없었다. 한국 같으면 아예 승객들이 난리가 났을 상황이었겠지만, 어디에도 그런 일은 일어나지 않았다. 화장실은 쓰레기 천지였고 먹을 것 마실 것이 부족한 상황이었지만, 사람들은 친절했다.

그 와중에 어느 정차 역에서 우리가 앉았던 자리의 진짜 주인이 나타났다. 그때도 우리 자리에 앉았던 아랍 가족은 비켜줄 생각이 없어 옆자리에 있던 친절한 프랑스 아가씨는 이번에도 사정을 설명해줘서 무사히 넘어갈 수 있었다.

연착이 계속되고 어느 조그만 시골 역에서 4시간 이상 서버렸다. 이유를 물어보니 보르도 근처에서 큰비가 내렸다고 했다. 도착하고도 남을

시간에 목적지까지 절반만 와서 멈춰버렸다. 프랑스 승객들은 짐을 챙겨 역사 밖으로 나갔다. 아마 근처 식당이나 호텔에서 쉴 생각인 모양이었다. 황당한 순간이었다. 딸리는 영어로 오늘 안에 도착할 수 있을지 물어보니 그러긴 힘들다는 답이 왔다.

결단을 내려야 했다. 보르도에 예약한 호텔을 취소해야 했다. 전화를 해서 뭐라고 해야 할지 막막했다. 거기에다 친절을 베풀어줬던 아가씨도 내려버렸다. 도움을 청할 사람을 찾아야 했다. 호텔 예약을 했던 바우처를 들고 몇 가지 단어를 써서 도움을 청했다. 오랜 시간 함께 기차를 타고 있어서 그런지 서툰 여행객의 고민이 무엇인지 단박에 알아챈 아저씨는 전화를 꺼내 호텔에 연락해서 사정을 말해줬다. 호텔에 늦게 가더라도 예약이 되어 있으면 취소되지 않지만, 당시에는 그런 것을 몰랐던 터라 매우 당황했다.

호텔에 늦게 도착한다는 것을 알려주고 나니 걱정이 내려가고 고마움이 올라왔다. 마시려고 사둔 와인 한 병을 꺼내 도움을 준 아저씨에게 선물로 건넸다.

"Thank you for your kind!"

감사의 뜻으로 건넨 와인은 극구 사양했던 아저씨는 나의 감사 인사에는 환한 미소를 지으며 받아줬다.

오전 3시에 보르도역에 도착했다. 장장 13시간 30분 동안 기차를 탄 것이었다. 비상 급식도 받고, 환급에 관한 서류도 받았다. 뒤에 알았는데 집에 가기 위해 택시를 타면 그것도 보상해준다고 했다. 프랑스 사람들은 별 동요 없이 이번 일을 받아들이는 것 같아 더 놀라웠다. 그 흔한 항의 한마디 나오지 않았다.

　다행히 예약한 호텔이 역 근처에 있었고 늦은 시간 도착해 여장을 풀었다. 취소 요청을 했기 때문에 우리의 예약은 사라졌지만, 여분의 다른 객실이 있어 투숙할 수 있었다. 하지만 데스크에서 잘못 알아듣는 바람에 3일 숙박이 보름치로 결재되어 취소하고 다시 결재하는 데 애를 먹었다. 우리나라 같으면 현장에서 매출전표를 취소 처리하고 다시 결재하면 간단하게 할 수 있을 텐데 환불에 관한 것은 한국에서 처리하라며 환급 서류를 작성해주는 것으로 마무리되었다.

보르도에서 아름다움의 익숙함을 깨닫다

대준이는 보르도에서 와인투어를 신청했다. 당시 와인에 빠져 있던 대준이는 빠듯한 여행 경비를 쪼개서 다소 비싼 가격이지만 투어를 신청했다. 와인투어는 와인이 만들어지는 샤토(와인 양조장)를 방문해서 와인의 제작 과정을 직접 듣고, 생산된 와인을 시음해보는 행사를 가졌다. 두 곳 정도의 샤토를 방문하고 자신에게 맞는 와인을 맛 본 다고 몇 잔 마셨더니 투어가 끝날 때쯤은 기분 좋을 만큼 취기가 돌았다. 투어 버스는 처음 출발했던 장소로 돌아왔고 시간이 남은 우리는 숙소까지 한 시간 정도 걸리는 거리를 걸었다.

9시가 다 되도록 저녁노을이 가득한 보르도 거리는 참 아름다웠다. 과거와 현대가 공존하는 듯한 도시의 풍경과 일과를 다 마쳤다는 뿌듯함 그리고 한 잔의 술은 마음을 더 여유롭게 했다. 어느 갈림길 벤치에 앉아 대준이와 이야기를 나눴다.

"형님, 여긴 이별하는 연인을 찍으면 좋을 것 같아요."

하늘을 덮으며 내려오는 낙조와 갈림길 그리고 그곳을 지나가는 트램. 이별하는 연인의 슬픔을 카메라에 담으면 좋겠다는 대준이의 이야기를 들으며 참 좋은 장면이 되겠다는 생각을 했다. 그 순간 머리를 스치고 가는 생각이 있었다.

'왜 난 이곳이 이별의 장소라고 생각했을까?'

'왜 이곳을 아름다운 장소라고 생각했을까?'

한 번도 와보지 않은 낯선 거리에서 이별의 장면을 생각하고 그걸 그리는데 아름다운 배경이 될 거라는 생각은 도대체 어디에서 왔을까? 그동안 아이들과 영화 수업을 하면서 본 영화의 어느 한 장면이 기억났을 지 모를 일이다. 너무나 많이 봤기에, 너무나 익숙한 장면들은 당시에는 큰 감흥이 없었더라도 나의 머리 한구석에는 차곡차곡 쌓여 있었는지 모른다.

감독은 오랜 고민 끝에 상황에 필요한 장면을 골랐고 그 장면은 배경 처럼 무심히 흘렀다. 그러나 무심히 흘렀다 해도 아름다운 것은 아름다

운 것이다. 아름다움이란 그런 것이다. 아름다움은 아름답다는 것을 증명할 필요가 없다.

보르게제에서 갑자기 아름다움이 밀려온 것이 아니었다. 아름다움은 우리 주변에서 늘 존재해왔지만, 그것을 유심히 바라볼 수 있는 여유가 없었기 때문에 몰랐던 것이다.

비너스가 아름답지 않다니!

파리에 와서 처음으로 대준이와 따로 다녀보기로 했다. 선천적인 길치인 나는 한번 지나간 길도 돌아올 때 처음 오는 길처럼 느끼지만, 언젠가 가족과 함께 여행 왔을 때 길 안내 정도는 할 수 있는 힘을 기르기 위해 도전해보기로 했다.

루브르 박물관 앞까지는 잘 갔다. 계단을 통해 출구로 나가자 웬 집시 여자가 사인해 달라며 종이판을 내밀었다. 이런 건 해주면 안 된다고 몇 번을 들은 적이 있어 'NO'라고 단호히 외치고 가려는데 갑자기 안경을 뺏으려는 것이 아닌가? 당황하고 어이없어 "Don't touch me"를 외치며 뿌리쳤지만, 어디선가 한 여자가 더 달려들었다. 상황이 이상해서 몸을 확 뿌리치니 옆에 있는 프랑스 남자가 소리쳤고 바닥을 보자 지갑이 떨어져 있었다. 소스라치게 놀라 지갑을 주어 들고 안심하며 자리를 피했다. 그런데 느낌이 이상해서 지갑을 열어보니 아뿔싸. 돈이 하나도 없었다. 런던에서 쓸 요량으로 현금을 많이 찾아두었는데 한방에 털렸다.

기가 차고 어이가 없었다. 분하고 억울하면서도 나 자신이 부끄러웠다. 눈앞에 보이는 카페에 가서 맥주 한 잔을 마시며 곰곰이 생각해봤다. 속상한 마음에 그냥 숙소로 돌아가고 싶었지만, 어렵게 온 여행인데 그냥 그렇게 보내선 안 될 것 같았다. 다시 마음을 다잡고 신용카드로 현금을 인출해서 루브르 박물관으로 향했다.

　루브르 박물관 앞의 줄은 아침부터 어마어마했다. 어렵게 입장하고 보니 내부는 더 거대하고 복잡했다. 루브르 박물관에는 40만 점에 가까운 전시물이 있는데 가장 인기 있는 것은 레오나르도 다빈치의 모나리자, 승리의 여신 니케상 그리고 밀로의 비너스였다. 그중에서도 모나리자가 가장 인기가 있지만, 나는 밀로의 비너스가 더 기대가 되었다. 로마 보르게제에서 느낀 짜릿함이 비너스를 보면 더 클 것이라고 생각했다.

　'얼마나 대단한 조각일까?'

　하지만 나는 기대를 안고 찾아간 밀로의 비너스 앞에서 30분 넘게 서성였다. 많은 사람이 모여 구경했지만, 내 눈엔 전혀 아름다워 보이지 않았다.

　'왜 이것이 그토록 유명한 거지?'

　한국 패키지여행 팀의 설명을 어깨너머로 3번이나 들었다. 지나가는 한국인을 만나면 물어보기까지 했다. 그 누구도 유명한 이유를 알지 못했다. 다행히 루브르 박물관에는 한국어가 지원되는 멀티미디어 가이드가 있었다. 인기가 많은지 찾아갔을 땐 다 대여되고 없었지만, 오후 3시가 넘어가자 여유분이 생겨 빌릴 수 있었다. 가이드를 받자마자 밀로의 비너스를 다시 찾아갔다. 그토록 풀리지 않았던 의문이 풀렸다.

　그때까지 미술에 관한 난 문외한 그 자체였다. 밀로의 비너스라기에 '밀로'라는 작가가 만든 작품인 줄 알았다. 그런데 그것이 아니라 BC

200~100년 사이 밀로스라는 섬에서 발굴된 작자 미상의 유물이라 밀로의 비너스라 부른다는 것이었다. 가이드는 비너스의 비율, 움직임, 지금은 사라진 팔의 모양을 유추하며 다양한 관점에서 설명을 했지만, 내 관심은 다른 곳에 있었다. '그래서 왜 비너스가 아름다운 거지?'

난 아름다움에 대한 상(想)을 가지고 있었다. '베르니니의 작품이 아름다웠으니 그 원조라 할 수 있는 비너스는 더 아름다울 것이다.' 내가 생각한 아름다움은 화려함이었다. 비너스를 보면 엄청 화려한 무언가가 나를 압도할 것으로 생각했는데, 정작 비너스는 화려하지 않았다. 뭔가 있을지 모른다고 생각하고 끝까지 찾아보려 했지만, 내가 생각하던 화려한 아름다움은 없었다. 허탈하고 허무한 순간 머리를 땡하고 치는 뭔가 있었다.

내가 봤던 그 수많은 작품은 무에서 창조된 것이 아니라 누군가로부터 영감을 받아 만들었을 것이다. 그의 스승의 스승. 그리고 또다시 그의 스승의 작품을 보며 제자들이 영감을 얻었을 텐데, 그 원조와 원류를 찾아간다면 과연 무엇이 나왔을까? 베르니니가 밀로의 비너스를 봤는지 못 봤는지는 알 수 없다. 그러나 천년도 훨씬 이전의 이 작품은 대대로 내려오면서 또 다른 어느 작가의 작품으로 면면히 이어 내려오다가 베르니니에게도 전수되었을 것이다.

생각이 여기까지 미치자 밀로의 비너스가 새롭게 보이기 시작했다. 비너스를 보고 있는 것이 아니라 내가 그토록 아름답다고 생각한 작품들의 원류가 된 그 자체를 본다는 생각이 들었다.

영화 수업의 방향을 잡다

파리를 거쳐 런던에 도착했다. 이번 여행의 원래 목적은 영화 전문가 마이클과의 인터뷰였다. 마이클은 약 20년 동안 테플TEFL로써 영어를 가르쳐왔고, 약 6년 동안 〈Ham&High Newspaper〉에 영화 평론을 기고했다. 그리고 매해 런던영화제에서 영화 평론가로도 활동하고 있었다.

유럽에서는 아이들에게 영화교육을 어떻게 하고 있으며, 앞으로 내가 아이들과 영화 수업을 하기 위한 근거를 찾을 수 있을까 하는 기대로 만났다. '그랬으면 좋겠다'는 막연한 기대가 현실이 되니 기분이 묘했다.

런던의 어느 펍에서 마이클의 아내 선하 씨와 함께 만났다. 직접 만나기 전까지 수차례 메일을 주고받아 자주 만난 것처럼 친근했다.

먼저 유럽의 학교에서도 영화를 이용해서 수업을 하는지, 한다면 어떻게 하는지를 물었다 그러나 마이클은 대답하기 주저했다. 알고 보니 자신이 알고 있는 한 영국에선 영화 수업을 하는 교사를 보지 못했다는 것이다. 여행을 다니면서 틈틈이 물어본 유학생, 현지 교민들에게서도 비슷한 대답을 들었다. 외국에서 공부하는 유학생들이나, 자녀를 학교에 보내는 교민들은 영상을 통한 교육보다 미술관과 박물관을 직접 경험하며 배우는 것이 더 낫다고 했다.

그동안 여행하면서 많은 미술관에서 유럽의 아이들이 교사와 함께 수업하는 걸 보면서 예측할 수 있었다. 상식적으로 생각해도 수없이 많은 예술적 향기가 도시 곳곳에 남아 있는데 굳이 영상을 보면서 교육을 할 필요가 있을까 싶었다.

마이클에게 다른 질문을 던졌다.

"마이클, 최근 영국에서 6개월 동안 교육에 관한 중요한 뉴스를 들은 적이 있습니까?"

"교사들이 아이들을 가르치기가 어렵다는 뉴스와 어느 고등학교에서 학생들의 무기 소지를 방지하기 위해 검색대를 설치했다는 뉴스를 들은 적이 있습니다."

그의 대답에 당시 영국의 공교육이 위기란 사실을 알 수 있었다. 물론 마이클과의 대화 내용이 영국교육의 전부라고 말할 수는 없다. 최소한 내가 자료에서 봤던 이상적인 영화교육을 학교에서 하지 않는 것은 분명했다.

그는 인터뷰 내내 예술교육과 체육교육(주로 축구)에 대한 이야기를 많이 했다. 요지는 직접 경험하는 것이 가장 좋다는 것이다. 이걸 부정할 수는 없다. 런던이나 파리 혹은 유럽의 다른 도시들처럼 예술적 경험을 많이 할 수 있는 시설이 충분하다면 직접 경험하는 것이 가장 좋겠지만, 한국은 그렇지 못한 것이 현실이었다.

　더욱더 분명한 것은 영화를 제작하고 촬영하는 교육과정은 있어도 영화를 직접 보면서 수업에 활용하는 교육 활동은 알지 못한다고 했다. 난 여기서 힌트를 얻었다. 내가 하는 영화 수업이 어쩌면 누구도 시도하지 않았던 전인미답의 길인지도 모른다는 생각이 들었다. 그래서인지 오히려 마이클은 내가 하는 영화 수업에 관심을 보였다. 영화를 직접 보고 수업을 어떻게 하는지 궁금해했다.

　짧은 만남이었지만, 앞으로 영화 수업을 어떻게 해야 할지 방향을 잡았다. 참고할 것은 따로 없었다. 좋은 문학 작품을 읽고 이야기를 나누듯이 영화를 보고 느낀 자신의 감정을 이야기해보는 것만으로도 훌륭한 수업 방법이 될 수 있다는 걸 확신했다. 이 확신은 이번 여행이 내게 준 큰 선물이었다.

가을의 뉴욕을 나 홀로 걷다

5개의 뮤지컬, 5개의 미술관

학습연구년을 하던 2011년은 다사다난했다. 제주, 서유럽, 홍콩을 다녀오고 연구년 선생님들과 북유럽으로 교육연수도 다녀왔다. 개인적으로 가장 큰 일은 영화 수업을 한 15년 동안의 성과를 세상에 알리기 위해 책으로 묶을 만큼 원고를 준비한 것이었다.

원고를 다 쓰고 여러 출판사에 보내면서 처음에는 큰 기대를 하지 않았다. 영화 수업을 알려야 한다는 강한 열망은 있었지만, 현실의 벽은 녹록하지 않다는 것 정도는 알고 있었다. 이미 책을 내본 분들에게 물어보니 자비 출판도 많이 한다고 했다.

"여보, 책을 내려면 최소 500만 원 정도는 들어간다고 해. 혹시 출판사에서 내 원고를 채택해서 돈이 들지 않고 책을 낼 수 있다면 뉴욕을 한번 가 봐도 될까?"

아내는 흔쾌히 받아줬다. 아마도 가망성이 거의 없기에 격려라도 해주고 싶은 마음에 허락해줬으리라 짐작한다. 꿈꾸는 것은 자유라 하지 않았던가? 그런데 우여곡절 끝에 나의 첫 책 원고가 채택되었고 계약금도 받았다. 계약금은 곧바로 뉴욕행 항공권으로 바뀌었다.

난 왜 갑자기 뉴욕을 가보려 했을까? 난 오랫동안 영화를 봐왔다. 영화는 LA에 있는 할리우드지만, 뮤지컬은 뉴욕의 브로드웨이다. 영화는 많이 봤으니 사람들이 그렇게 극찬하는 뮤지컬이 얼마나 대단한지 그 진수를 직접 느껴보고 싶었다. 또 하나는 유럽에서 새롭게 눈을 뜬 그림의 세계에 빠져보고 싶었다. 특히 내가 좋아하는 인상파 화가의 그림들이나 그 이후의 현대미술 작품은 유럽보다 뉴욕이 더 풍부하다는 이야기를 듣고 뉴욕 여행을 하기로 마음먹었다.

총 10일 동안 찾아볼 5개의 뮤지컬 작품과 5개의 미술관을 정했다. 현지에서 더 알게 되는 것이 있으면 거기서 추가하기로 하고 부산에서 일본 나리타를 거쳐 뉴욕으로 가는 비행기에 몸을 실었다.

프로페셔널 하다는 것

10일 동안 뉴욕에서 머물 숙소는 맨해튼에서 7번 지하철의 종점에서 버스를 타고 더 들어가야 하는 플러싱이라는 한인 타운의 도미토리* 민박집이었다. 뉴욕이 어떤 곳인지 몰랐기에 지리를 익힐 겸 해서 숙소 인근에서 출발하는 하루짜리 시티투어를 신청했다.

* 이층침대로 이뤄진 다인실 숙소, 공동침실 기숙사 형태

한국인이 거의 대부분인 투어 버스 옆자리에 여자분 한 명이 앉았다.

"안녕하세요."

낯선 곳에서 여행객은 금방 친구가 된다. 어쩌면 서로의 불안을 잠재우기 위함일지도 모른다. 가이드의 안내를 받으며 맨해튼의 역사와 건물들의 유래를 들었다. 가이드의 친절하고 자세한 안내도 선천적 길치인내가 길을 익히는 데는 무용지물이었다. 시티투어에는 엠파이어스테이트 빌딩의 전망대 관람도 포함되어 있었다. 투어를 함께 다닌 옆자리의 영은 씨와 전망대를 포함해서 일정을 함께하기로 했다.

자유시간이 주어졌고 야경을 보려면 시간이 남아 영은 씨와 차 한 잔을 마시며 휴식을 했다. 알고 보니 영은 씨는 프로페셔널한 첼리스트였다. 어린 나이에 뉴욕 카네기홀에서 연주를 했고 영화음악에도 많이 참

여했는데, '쉬리'의 OST 제작에도 참여했다고 한다. 영은 씨가 다음날 뉴욕필하모니 오픈 리허설이 있다고 알려줘서 함께 구경 가기로 했다. 오픈 리허설이란 당일 저녁에 연주할 곡들을 오전에 연습하는 자리인데, 오픈하여 관객들에게 저렴한 요금으로 구경할 수 있도록 해주는 자리라고 했다.

　다음날 다시 영은 씨를 만났다. 오늘 공연할 곡은 요한 슈트라우스의 교향시와 베토벤 교향곡 6번인데, 영은 씨가 곡에 대한 설명을 해줬지만 들어도 뭔지를 모르는 나는 요한 슈트라우스의 교향시의 잔잔한 음악에 잠시 숙면을 취하기도 했다.

　중간 휴식 시간 이후 베토벤 교향곡 6번 '전원'이 연주되면서 귀에 익숙한 음들이 들려왔다. 베토벤이 귀가 아파 시골에서 정양(靜養)을 하던

중 작곡했다고 하는 전원 교향곡은 자연의 아름다움을 노래한 것이라 한다. 분야가 다르긴 하지만, 자연의 아름다움을 표현하는 음악과 미술의 본질은 비슷한 듯하다.

리허설을 하는 협연자와 지휘자 그리고 연주자들은 비교적 캐주얼한 복장이었다. 특이한 건 한 악장이 끝나면 협연자와 지휘자가 뭔가 대화를 한다는 점이었다. 영은 씨의 말에 의하면, 연주에 대한 서로의 견해를 주고받는 과정이라고 했다. 견해를 주고받는다는 건 이미 연주 기법이나 방법은 완결성을 가졌다는 뜻이다. 오히려 연주보다 이것이 더 놀라웠다. 그래서였을까? 세계적인 명성의 뉴욕필하모니의 연주는 실력을 넘어 아름다움의 또 다른 차원을 음으로 보여주는 것 같았다.

"프로란 무엇인가요?"

오픈 리허설 관람을 마치고 센트럴파크에서 샌드위치로 점심을 먹으며 대화하다 불쑥 영은 씨에게 물었다. 별 망설임 없이 영은 씨의 대답은 간단했다. 연습 기간 빼고 30년 정도는 해야 프로라고 할 수 있다고 했다. 믿기 힘든 말이었지만, 힘주어 말하기에 의심 없이 들었다. 어린 나이에 대단한 성취를 이룬 영은 씨는 끝도 없이 밀려드는 일과 일상에 지쳐 모든 걸 팽개치고 뉴욕으로 왔다고 했다.

"당일 악보를 보고 연습 없이 당일 연주할 수 있어야 합니다."

영화 '쉬리' OST를 제작할 때의 일화를 이야기해주는 영은 씨의 이야기도 놀라웠다. 세상은 넓고 대단한 사람은 정말 많다.

짧았지만 강렬한 기억을 하게 한 영은 씨의 연락처 하나 남기지 못하고 헤어진 건 못내 아쉽다. 내가 알지 못하는 어느 멋진 무대에서 첼로 연주를 할 영은 씨를 응원해본다.

구겐하임에서 흐른 눈물

센트럴파크에 맞닿아 있는 5번가를 쭉 가다 보면 프릭갤러리 메트로폴리탄, 노이에 미술관을 지나 88번 스트리트에서 구겐하임 미술관을 만난다. 월요일은 많은 미술관이 휴장일이지만, 구겐하임은 유일하게 문을 연다. 베네치아에서 우연히 만난 구겐하임 분관에서도 좋은 작품을 많이 감상했기에 이번에도 기대를 안고 찾았다.

뉴욕 구겐하임 미술관은 세계에서 칸딘스키의 작품을 가장 많이 소장하고 있다. 유명한 미술품 수집가인 페기 구겐하임의 이름을 따 만든 이 미술관은 생긴 모양부터 아주 독특하고 아름답다. 구겐하임은 위에서 아래로 달팽이처럼 생긴 건물 자체만으로도 하나의 예술품이다. 원통형 가운데는 우리의 국립현대미술관 중앙에 있는 백남준의 '다다익선' 처럼 천장에서 내려오는 설치미술이 있고, 관람은 5층에서 아래로 내려오면서 연결된 전시실을 방문하는 구조로 되어 있다. 달팽이처럼 생긴 외관은 내부에서는 위, 아래를 연결해주는 경사통로 역할을 한다.

수없이 많은 칸딘스키의 그림을 원 없이 볼 수 있었지만, 어찌 된 영문인지 별 느낌이 없었다. 그런데 한 장 걸려 있는 고흐의 그림 앞에서 발걸음이 멈춰졌다. 고흐가 말년에 그렸다고 하는 사이프러스가 그려진 그림이었다.

런던의 내셔널갤러리에서 처음 본 고흐의 그림은 인상적이었다. 가장 강렬한 그림은 해바라기였다. 해바라기의 색채는 그 방에 있던 다른 어떤 인상파의 그림보다 더 강렬하게 내게 다가왔다. 고흐와 나의 인연은 해바라기에서 시작하여 사이프러스가 그려진 그림으로 이어졌다. 뉴욕

에서는 메트로폴리탄과 현대미술관^{MOMA}에서 비슷한 사이프러스의 그림을 봤다. 특히 별이 빛나는 밤에는 뉴욕현대미술관이 자랑하는 그림 중의 하나다. 그리고 다시 구겐하임에서 고흐의 사이프러스 그림을 볼 수 있었다.

그런데 뭔가 비슷한 느낌이 들었다. 연도를 보니 고흐가 세상을 떠나기 일 년 전쯤의 그림이 연작으로 남아 있었다. 사이프러스가 그림 가운데서 하늘을 향해 솟아 있고 밀밭이나 보리밭이 펼쳐져 있거나 밤의 모습을 표현하고 있었다. 당시 고흐는 극심한 정신병에 시달렸고, 자진해서 정신병동에 자신을 감금하고 있었다. 그의 육신은 지나친 음주와 예술에 대한 스스로의 혹사 그리고 세상의 인정을 받지 못하는 것에 대한

사이프러스가 있는 밀밭, 1889
런던 내셔널갤러리

노란 보리밭과 사이프러스, 1889
메트로폴리탄 미술관

별이 빛나는 밤에, 1889
뉴욕현대미술관

사이프러스와 녹색 밀밭, 1889
프라하 국립 미술관

자책으로 무너져가고 있었을 것이다. 동생 태오를 제외하곤 그의 예술 세계는 인정받지 못했다. 고흐의 많은 그림 중 후세 사람들에게 찬사를 받은 작품들은 그가 말년에 정신이 혼미한 상태에서 그린 것들이다.

고흐에 대해 조금씩 알아가던 그때 문득 고흐의 나이를 계산해봤다. 1853년에 태어나 1890년에 세상을 떠났으니 그는 고작 37년밖에 살지 못했다. 고흐의 나이 37세, 그때 내 나이 40세. 고흐보다 더 많은 날을 살았고, 치열하게 세상을 살아왔다고 생각했던 그때, 고흐는 그림으로 나에게 뭔가 말을 걸어오는 듯했다.

사이프러스가 흐르는 그림은 참으로 고즈넉했다. 이글거리듯 불타오르는 그의 화풍과는 별개로 그림으로 표현된 사이프러스의 세상은 평화로웠다. '고흐는 병원 창문으로 이 광경을 지켜보지 않았을까?' 문득 뇌리를 스치며 지나는 생각에 상상을 더해 풍경을 바라보던 고흐의 생각을 쫓아가 본다. 고흐는 사이프러스가 보이는 창문에서 물끄러미 세상을 지켜봤으리라.

점점 쇠약해지는 육체와 점점 혼미해지는 정신을 붙들고 마지막 예술의 혼을 화폭에 불태웠을 고흐를 생각하니 갑자기 울컥한 마음에 한줄기 눈물이 볼을 적셨다. 마치 가슴이 미어지는 아픔을 그린 영화를 보며 눈시울이 붉어지고 화면이 흐려지며 가슴에 불덩이와 무거운 것이 꽉 누르는 듯한 감정이 올라왔다. 당황스러웠다. 한적한 전시실 안, 관람객도 별로 없는 그곳에서 100년도 더 지나 만 킬로미터나 떨어진 한국에서 온 덩치 큰 중년의 남자는 그림 앞에서 울고 있었다.

세계여행을 하는 동영 씨와 3일간의 맨해튼 동행

　　　　　　　숙소에 머리를 묶은 서글서글한 청년이 나타났다. 장교로 복무를 마치고 받은 퇴직금을 털어 세계여행을 하는 동영 씨를 만났다. 처음 볼 때부터 호감이 갔던 난 저녁을 함께 먹으며 이야기를 나누다 동영 씨가 뉴욕에 머물 3일 동안 함께 다니기로 했다.

　일정을 전혀 정하지 않고 오다시피 한 나와 달리 동영 씨는 며칠 동안 뉴욕에 있던 나보다 정보를 더 많이 알고 있었다. 동영 씨는 맨해튼의 아래에 있는 세계 금융의 중심지 월스트리트와 배터리 파크, 뉴욕 도심을 관통하던 폐선로를 이용해서 만든 하이라인 파크를 안내했고, 난 메트로폴리탄, 뉴욕현대미술관을 안내해 함께 다녔다.

하이라인 파크는 허드슨강을 끼고 아름다운 단풍나무와 억새 그리고 꽃들과 작은 광장으로 이뤄진 아름다운 곳이었다. 공원의 길을 걷다 보면, 중간중간 행위예술이 펼쳐지는 작은 공연도 볼 수 있었다. 뭔가 이해할 수 없는 그들의 진지한 표현과 현란한 의상을 보면서 왜 뉴욕이 예술의 도시인지 이유를 알 수 있었다.

동영 씨는 뉴요커의 패션은 정말 놀라울 정도로 정갈하고 멋을 부리는 솜씨가 놀랍다고 했다. 동영 씨는 여러 나라와 도시를 방문하면서 자기가 속한 도시나 환경에 따라 운명이 결정되는 것은 아닌가 하는 의문이 들었다고 했다. 4개 국어를 능통하게 구사하는 실력에 대학을 졸업하고도 릭샤Rickshaw라는 자전거를 끌면서 남루한 모습으로 관광객을 상대로 얼마 되지 않는 돈을 벌고 있는 네팔의 청년 이야기, 수없이 많은 청년이 높은 학벌에도 불구하고 일을 찾지 못하는 개발 국가의 상황과 스페인과 이탈리아 청년들이 미래에 대한 준비 없이 열정적으로 소비하는 상황과 비교하며 이야기했다. 2011년 당시 유럽의 경제위기에 대한 뉴스가 심심치 않게 들리던 그때 동영 씨가 직접 겪은 이야기는 흥미로웠다.

어린 나이지만 낯선 곳을 찾고, 열린 마음으로 대하면서도 주체성을 잃지 않는 동영 씨의 모습을 보며 놀라움을 감출 수 없었다. 동영 씨도 나에게서 많은 것을 배우려고 하는 것 같아 내가 경험하고 느낀 것에 대해 허심탄회하게 전해주려 노력했다.

많은 부분을 감탄하고 공감했지만, 한 가지 다른 점을 발견했다. 그것은 현실에 대한 태도였다. 동영 씨는 자신이 아직 준비가 덜 되었다고 느끼고 뭔가 더 준비해야 한다는 생각이 강했다. 내가 보기엔 아주 훌륭한 자질을 가지고 있는 청년이었는데 스스로 믿지 못하는 듯했다.

내 눈에 보이는 동영 씨의 모습을 이야기해줬다. 별 특별한 것은 아니었다. 동영 씨는 모르고 있는 동영 씨의 모습, 동영 씨가 인지하지 못하고 있는 장점을 발견하고 알려줬다. 동영 씨의 가슴속에 뭔가 요동이 친다는 느낌이 들었다.

동영 씨가 세계 일주를 하는 이유는 자신에 대해, 세상에 대해 좀 더 알기 위함이라고 했다. 그의 고민 중에서 과거에 나 역시 했던 고민의 답은 대략 알고 있지만, 선택은 오로지 동영 씨의 몫임을 알기에 그가 고민하고 좋은 선택을 하길 기원했다. 자칫 참견이 될 수 있으나, 오해하지 않게 전달하려 노력했다.

여행만이 느끼게 해주는 마음의 열림을 서로 느끼며, 우리의 여행은 그렇게 걸음과 대화 그리고 아름다운 풍광과 함께 계속되었다.

둘의 대화에 가장 극적인 순간이 있었다. 허드슨강이 오랜 세월 동안 하구에 만든 삼각주가 맨해튼이다. 맨해튼의 여러 다리 중에서 뉴욕의 야경을 가장 아름답게 볼 수 있는 곳이 브루클린 다리다. 해가 지기 전에 다리를 건너 해가 질 무렵 맨해튼 방향으로 걸어오면서 뉴욕의 고층빌딩의 불빛과 강 하구의 물결이 어우러지는 모습을 보면 감탄이 절로 나온다. 물론 이곳도 동영 씨가 안내해준 곳이다. 왕복 1시간 30분 정도 되는 길을 걸으며 보이는 아름다운 풍광은 시시각각으로 변했다. 뉴욕의 와서 보는 가장 아름다운 광경이었다.

눈으로는 아름다운 광경을 보면서 서로의 마음속에 있는 질문과 의문을 내어놓고 풀어본다.

세상에 자신을 내놓고 평가받는 것은 두려운 일이다. 보다 많은 준비를 해서 완성해놓고 시작하고 싶은 것은 누구든 같다. 불안 때문에 준비

를 한다. 준비한 것을 연습한다. 연습을 통해 충분한 실전 준비를 한다고 여긴다. 맞는 말이다. 그것을 부정하지 않는다. 그러나 실전은 연습과 다르다. 예상한 상황이 바뀌거나 변수는 늘 발생하지만, 불충분한 상태에서도 진행해야 할 때가 많다.

　이해하는 것과 깨닫는 것은 차원이 다른 문제다. 명석한 자는 금방 이해하고 본질에 대한 파악도 명쾌하고 쉽게 한다. 이야기를 나눠 보니 동영 씨는 이해력과 습득력이 뛰어났다. 이런 상대와의 대화는 흥미롭다. 그래서 한 가지 제안을 했다.

　"제가 직장 상사라고 생각하고 신입사원인 동영 씨에게 물어볼게요. 동영 씨도 반대로 생각하고 저에게 물어보세요. 대신 서로 대답하고 싶지 않다면, 그건 넘기도록 하죠."

이해와 깨달음은 지식의 습득과 경험의 축적만으로 해결되는 것이 아니다. 도움은 될 수 있어도 해답이 되지 않은 경우가 무수히 많다. 지식과 경험은 서로 상호작용해야 가치가 발생한다. 그것이 완벽한 해답의 길을 보장해주지 않더라도 지식과 경험만으로 해결할 수 없는 간극을 좁혀주기에는 충분하다.

어둠 속에서 뭔가를 고쳐야 하는 상황에 비유해보자. 비춰주는 불빛은 그 자체로 문제를 해결하지 못한다. 결국 알고 있는 지식을 조합하여 짜내고 몸으로 겪으며 행하는 자가 해결의 문을 발견한다. 그렇다면 빛의 역할은 무엇인가? 조력하는 것이다. 조력은 무엇인가? 안 보이는 것을 보이게 해주는 것이다. 흐린 것을 선명하게 해주는 것이다.

내가 그를 설득하는 것이 아니라 상대방이 느낀 벽에 대해 내가 느낀 경험과 고민의 과정을 전해준다. 하나의 게임이다. 상대가 이야기를 풀어놓으면 그 상황에서 나는 무엇을 했을 것인지 고민하고 선택해보는 것이다.

"왜 그래야 하나요?" "어째서 그런가요?"

서로 가장 많이 물어본 질문이다. 익숙한 것이 옳은 것이 아니란 것을, 알고 있다고 이해하는 것은 아니란 것을, 이해했다고 해서 깨달은 것이 아니며, 깨달았다고 해도 내 것이 아니란 사실을 서로 묻고 답한다.

눈으로는 아름다운 풍광을 보면서 입으로는 흥미로운 대화를 이어간다. 내 것으로 만드는 것은 결국 실천으로 귀결한다. 지식은 방대하다 해서 그 자체가 진리가 되진 않는다. 진리는 어렵지 않고 깔끔하며 명료하며 그 자체의 힘이 있다. 어쩌면 지식을 버리고 나서야 진리를 구할 수 있다. 하지만 쌓는 과정 없이 버리는 과정이 생길 수 없듯이 지식 역시 지금

당장은 쓸모없이 보여도 힘닿는 대로 배우고 익혀야 한다. 그 과정은 순탄하게 흐르지 않는다. 예상치 못한 실수와 실패가 생기고 그것을 감수하고 감내할 준비가 되어 있을 때 비로소 진리와 지혜의 문으로 들어가는 입구를 만날 수 있다.

우리는 서로 한 번도 해본 적이 없는 형태의 대화를 하고 있었다. 뭔가 익숙하지 않고 논리적이지 않더라도 수용하고 인정한다. 지금이 아니면 다시 오지 않을 대화의 순간이란 것을 알기에, 여행의 가장 큰 즐거움 중 하나임을 알기에, 우리의 대화는 지하철을 타고 숙소로 돌아오는 동안, 심지어 숙소 앞까지 가는 시내버스를 타는 것도 생략하고 이어졌다.

화살처럼 지나간 3일 간의 짧은 만남. 새벽이면 다른 여행지로 떠날 동영 씨와 소주를 한잔하며 식사를 함께했다. 다음날 새벽 동영 씨는 숙소를 나섰다. 새벽 일찍 잠에서 깬 나도 숙소를 나서는 동영 씨를 배웅했다. 새로운 길을 나서는 동영 씨나 보내는 나나 만남과 헤어짐에 너무 익숙해져 버린 듯하다. 감정의 동요 없이 서로를 보낸다. 인연이 닿으면 언젠가 또 만나게 되겠지. 하지만 함께 찍은 사진 한 장 남겨두지 못한 건 참 아쉽다.

진정한 여유의 의미

뉴욕에서 마지막 일정으로 프릭 컬렉션을 찾았다. 펜실베이니아 출신의 실업가 헨리 클래이 프릭Henry Clay Frick의 수집품을 소장하고 있는 곳으로, 1913년에 세워진 저택이 그대로 공개되어 미술관이 되었다.

　숙소에서 미술관까지 예상한 시간보다 조금 일찍 출발했는데, 도착해서 보니 30분이나 빨리 왔다. 개장까지 시간이 남아 근처 상점에서 커피 한 잔을 뽑아 바로 맞닿아 있는 센트럴파크의 벤치에 앉았다.

　늦가을의 센트럴파크는 정말 아름다웠다. 푸른 잔디와 단풍이 든 나무들이 우뚝 솟은 건물들과 조화를 이루고 있었다. 마음이 편안해지고 여유로워짐을 느꼈다. 순간 여유가 무엇인지에 대한 생각이 머리를 스치고 지나갔다.

　길치에다 영어 울렁증이 있는 내게 여행에서 가장 어려운 것은 길 찾

기다. 세계에서 뉴욕처럼 길을 찾기 쉬운 대도시도 없다. 중학교 때 영어 교과서에서 도로를 뜻하는 단어가 세로로 뻗은 것이 에비뉴^Avenue이고, 가로로 뻗은 것은 스트리트^Street라고 배웠다. 맨해튼의 중간에 있는 센트럴파크 지역을 제외하곤 바둑판처럼 반듯반듯한 도로 형태를 띠고 있다. 에비뉴는 맨해튼의 동쪽에서부터 서쪽으로 숫자 하나씩 증가하고, 스트리트는 아래에서 위쪽으로 숫자 하나씩 증가하기 때문에 보통의 여행자는 맨해튼에서 반나절도 안 되어 지리를 익히고 길을 찾아간다. 그러나 갔던 길도 되돌아올 땐 다른 길로 인식하는 나에겐 여느 도시나 다름없이 어렵고 복잡하기만 했다.

뉴욕 여행의 목적은 여유 있는 시간을 보내기 위해서였다. 센트럴파크를 산책하고 커피를 마시고 거리를 걸었다. 사실 여유 부리는 흉내를 낸 거다. 겉으로 보기에는 산책을 하고 있었지만, 속으로는 다음 코스를 어떻게 할 건지 걱정하고 있었다. 커피를 마시면서도 어느 지하철역에서 내려 갈아타야 하나 머릿속으로 계산을 하고 있었다. 목적지까지 가면서도 길을 잃지 않을까 노심초사하다 보니 정작 길에서 만날 수 있는 우연함을 즐기기보다는 어떻게 하면 헤매지 않고 가는지 더 걱정했다. 버스와 지하철을 타서도 손에 쥔 지도와 안내판을 바라보며 혹여 잘못 타지 않았는지, 반대 방향으로 가고 있지 않은지 점검했다.

겉으로 보기엔 여유로웠지만, 마음은 여유롭지 못한 이중적인 상황이었다. 누구와도 의논할 수 없는 상황이어서 더욱더 불안함을 마음에 깔고 있었던 것 같다. 스트리트, 에비뉴, 업타운, 다운타운이란 단어가 실제 몸에 적응될 때까지 정확히 일주일 정도 걸렸다. 그러고 난 뒤에는 어디를 찾아가더라도 이동 시간을 예측할 수 있게 되었다.

맨해튼의 지리에 어느 정도 익숙해졌다고 생각했지만, 그래도 현지인은 아니기에 가끔 못 찾는 건물이나 장소가 나오면 초조해했다. 그런데 어느 순간 '내가 여기 왜 왔지?' 하는 생각이 들었다. 여유롭게 사색하려고 왔는데 목적지 찾아다니는 게임을 하고 있는 나 자신을 발견했다. 누가 시키지도 않았는데 계획을 세워 줄기차게 스스로 괴롭히고 있었다.

'남들보다 여유롭게 짰으니까 이 정도는 해야지.'

'그래도 뉴욕에 왔으면 이걸 해야지.'

순전히 내가 세운 목표를 달성하지 못해 내가 스트레스받고 안달이 나 있었다. 그런데 두 가지를 해결하고 난 뒤 난 진정한 여유가 무엇인지 알 수 있었다. 첫 번째는 지하철 노선도를 비롯한 뉴욕 지도가 머릿속에 대강 들어왔을 때이고, 두 번째는 내가 세운 계획을 스스로 의심해보기 시작했을 때다. 첫 번째는 최소한의 능력에 관한 것이고 두 번째는 스스로의 통제에서 벗어나는 것이다.

문제는 두 번째 내가 세운 계획을 의심해보는 것, 즉 스스로의 통제로부터 벗어나는 것이다. 계획은 성공적인 실행을 보장하기 위해 세운다. 계획은 늘 변할 수 있는데 계획이 변하면 불안이 생긴다. 불안을 없애기 위해 계획을 세웠으니 계획이 변할 상황이 생기는 것 자체가 싫다. 계획 자체가 나쁜 것은 아니었다. 그러나 계획대로 되지 않는 것이 자신의 무능함이나 나태함 때문인 건 싫다. 그래서 어느 순간 계획은 자신을 통제하는 가장 강력한 채찍이 된다. 자신이 세운 계획에 자신이 통제받는 어이없는 상황이 발생하는 것이다.

통제는 보통 타인에게 받는다. 그러나 어느 정도 지나면 타인의 통제보다 자신이 정한 방식을 따른다. 즉 통상적으로 해야 할 공공의 규칙이

나 법규는 어렵지 않게 지킬 수 있다는 뜻이다. 이때부터 자신의 방식이 규칙이 된다. 이것을 자율이라 부른다. 그러나 자율은 타인의 간섭을 받지 않은 대신 스스로 엄격하게 몰아붙일 가능성이 늘 있다. 타인의 간섭에서 벗어나더라도 자신이 정한 기준을 더 엄격히 하다 보면 스스로 옥죄기도 한다. 왜 이런 일이 벌어지는 것일까? 나를 우선으로 하는 것처럼 보이지만, 타인을 의식하는 불완전한 형태의 통제를 자율이라 착각하기 때문이다.

　그렇다면 타인을 의식한 자율을 깨고 진정한 자율을 찾는 방법은 없을까? 역설적으로 스스로에 대한 통제를 완벽히 하는 것에서 시작해야 진정한 자율의 실마리를 찾을 수 있다. 자신이 할 수 있는 역량이 어디까지인지 알아야 그 안에서 여유를 부릴 수 있다. 역량이 어디까지인지 안다

는 것은 할 수 있는 것과 없는 것을 구분한다는 것이고 할 수 없는 것을 하지 않는 것도 통제에 해당한다.

능력이 부족하지만, 꼭 해야 할 경우는 어떻게 하는가? 그땐 방법을 달리해야 한다. 방법을 달리하거나 타인의 조력을 받거나 협력하는 것을 통해 융통성을 배운다. 이런 과정을 통해 자신이 통제할 수 있는 범위가 늘어나고 여유의 범위도 늘어난다.

자신이 통제할 수 있는 범위 안에서만 여유로울 수 있다. 만약 타인이 여유롭게 보인다면, 그는 여유로움의 영역을 완벽하게 장악한 것이다.

여유가 없는 속박의 원인이 나로부터 기인하지 않는지 계속 의심해야 한다. 타인에 의한 구속으로 내가 속박당하는 일은 거의 없다. 만약 타인에게 속박당해야 한다면, 그건 구속이 아니라 계약이나 거래에 따른 스스로의 결정이어야 한다.

자기 결정권이 없으면 여유도 없다. 스스로에 대한 통제력이 없으면 진정한 여유도 없다. 물론 타인과 시스템에 완벽하게 자유로운 인간은 없다. 하지만 분명한 건 타인이나 시스템이 내가 숨 쉬고 움직이며 행동하고 생각하는 것 자체를 완벽하게 통제할 수 없다는 사실이다. 지금 자신에게 여유가 필요한 사람은 자기를 옥죄고 있는 사슬과 그물 그리고 쇳덩이가 없는지 살펴봐야 한다. 그중 스스로 만들어둔 것은 없는지 살펴야 한다. 수신(修身)은 여유를 찾아낼 수 있는 열쇠가 되고 스스로에 대한 통제력은 여유의 범위를 넓히는 초석이 된다.

혼자 찾아온 짙은 가을의 뉴욕에서 나는 5개의 뮤지컬과 5개의 미술관뿐만 아니라 예상치 못한 소중한 인연과 생각들을 만날 수 있었다.

제자와 함께 떠난 파리와 피렌체

미술 지도, 그 넘기 힘든 벽

2011년 유럽과 뉴욕을 여행하면서 그림과 미술에 대한 강렬한 느낌을 받았다. 난 그걸 미술 수업에 활용하고 싶었다. 난 학창시절 음악, 미술을 잘하지 못했다. 교대에서 음악과 미술에 대한 지도를 배울 땐 정말 힘들었다. 그나마 노래 부르기는 어떻게 하면 되지만, 미술은 넘을 수 없는 벽처럼 느껴졌다. 도대체 그림을 어떻게 그려야 하는지 감을 잡을 수 없는 내게 고흐, 모네와 같은 인상파 화가의 그림은 미술을 어떻게 접근해야 하고 지도해야 하는지 영감을 주었다.

이제껏 그림을 그릴 줄 모르고 어렵다고 느낀 건 대상을 비슷하게, 아니 똑같이 그려야 한다는 강박에 사로잡혀 있었기 때문이다. 잘 그린 그림에 대한 기준이 머리에 깊이 박혀 있었던 것이다. 모네는 특히 빛에 변화에 따른 대상의 변화를 그리려고 했다. 빛이 변하면 대상의 모습이 변하지는 않지만 느낌은 변한다. 그 느낌은 그리는 사람마다 다르게 표현된다. 사람마다 대상을 보고 생기는 느낌과 표현이 다르니 똑같이 그려야 한다는 강박에서 벗어날 수 있다. 난 이점에 주목했다. 똑같이 그려야한다는 강박에서 벗어난다면 좀 더 편안하게 지도할 수 있다.

2012년 처음으로 이 방식대로 미술 지도를 해봤다. 아름다움을 느끼게하기 위해 봄에 들과 하천으로 산책을 나갔다. 매화, 진달래, 개나리, 벚꽃 등 주변에 핀 꽃들을 보고, 따뜻한 햇살이 물결에 어떻게 비치는지 관찰하며 아이들과 놀았다. 그리고 그걸 그림으로 표현하게 했다. 이렇게하는 활동을 '얼렁뚱땅 미술수업'이라 이름 붙였다.

여행 중 미술관에서 여러 화가의 그림을 보며 받은 빛에 대한 영감을이용해 아이들의 수업에 활용할 수 있는 나만의 수업 방식을 개발한 것이다. 내가 느끼고 받은 영감을 아이들이 이해하고 도전해볼 수 있는 언어로 바꾸는 것이 핵심이다. 난 그림을 지도하는 능력이 없지만, 좋은 그림을 보고 말로 표현하는 능력은 생겼다. 그걸 바탕으로 아이들에게 자연의 아름다움을 느끼게 하고 자신만의 방식으로 표현하게 하는 수업은정말 짜릿하다.

하지만 그림만 가지고 일 년 내내 수업을 할 수는 없었다. 다가올 2학기에 회화가 아닌 미술 수업을 할 수 있는 다른 무언가를 찾아야 했다. 미술관에는 그림뿐 아니라 디자인과 조각도 많다. 그것을 잘 살펴보면 뭔가 나올 듯했다.

"선생님, 저도 따라가고 싶어요."

이번 여행은 좀 더 특별하다. 2004년 6학년을 함께했던 제자 규동이와함께 간다. 부모님께 도움받지 말고 아르바이트해서 여행 경비를 낼 수

있으면 가자고 했더니 정말 죽기 살기로 해서 마련해왔다. 초등교사가
되기 위해 교대를 다니고 있는 제자이자 후배 교사가 될 규동이가 참 기
특하고 대견했다.

제자와 여행을 떠나는 짜릿한 느낌을 마음에 담고 새로운 발걸음을 디
뎠다.

코펜하겐에서 길 찾기

파리까지 우리를 데려다줄 항공편은 코펜하겐을
허브 공항으로 두고 있는 스칸디나비아항공이다. 그런데 스칸디나비아
항공은 한국에 오지 않기 때문에 부산−상하이(아시아나항공), 상하이−코
펜하겐, 코펜하겐−파리까지 두 번 경유해서 갔다. 이렇게 복잡한 여정을
선택한 이유는 따로 없다. 그때 부산에서 파리까지 가는 비행편 중에서
가장 저렴했기 때문이다. 거기다 코펜하겐을 경유한다는 점은 매우 흥미
로웠다. 아예 코펜하겐에서 레이오버^{layover}하고 다음날 오후 파리로 떠
나는 일정을 짰다.

코펜하겐에 도착하여 중앙역 근처에 예약해둔 호스텔에서 하룻밤을
보내고 다음 날 아침 호스텔에서 코펜하겐 지도를 얻었다. 코펜하겐은
큰 도시가 아니었고 우리가 보고 싶어 하는 주요 관광지는 걸어서 갈 수
있었다.

출근길인지 많은 사람이 자전거를 타고 다녔다. 전용도로도 확보되어
있고 남녀노소를 가리지 않고 시내를 자전거로 질주하는 모습이 인상적

이었다. 아침에 미리 봐둔 내셔널 뮤지엄을 규동이에게 일러주고 난 따라다니기로 했다. 영어를 잘하는 규동이에게 길 찾는 법을 가르쳐 유용한 여행 안내원으로 부려 먹을 생각이었다. 가고 싶은 곳을 말하면 제자가 착착 안내해주고, 한가롭게 풍광을 즐기며 관람하는 스승의 아름다운⑦ 모습을 상상하며 길을 나섰다.

규동이는 명석한 아이답게 지도를 보고 의욕적으로 길을 탐색하기 시작했다. 그런데 얼마 되지 않아 규동이의 길 찾기에 문제가 생겼다.

'모르면 사람들에게 물어보면 되는데 왜 저리 어렵게 길을 찾을까?'

길 찾기를 시작하면서 어떻게 찾아가는지 가르쳐 줬지만, 규동이는 머리로는 이해가 되는데 몸이 움직이지 않았다. 지도를 들고 이리저리 살

피던 규동이는 교차로에 서서 길을 찾고 있었다. 뒤에 서서 지켜보는 나는 지나가는 훌륭한 길 안내자를 놓치고 있는 규동이가 안타까웠다. 12시 방향에 있는 경찰 아저씨, 2시 방향에서 다가오는 아리따운 아가씨, 5시 방향에는 마음씨 좋아 보이는 총각이 보였고, 그 뒤로 정장 입은 신사가 걸어오고 있었다.

"정 모르겠으면 저기 가서 물어보는 것이 어때?"

길을 가르쳐줄 만한 괜찮은 안내자를 계속 놓치고 지도만 쳐다보는 규동이에게 편의점에 들어가서 길을 물어보라 권했다.

"쌤, 찾았어요."

편의점에 들어간 규동이는 금세 밝은 얼굴로 나왔다. 물어보면 답이 나오는 법이다.

길을 물어보는 것도 나름의 요령이 있다. 일단 내가 물어보고자 하는 걸 정확하게 표현해야 한다. 다시 말하면, 완결된 문장보다는 가고자 하는 곳의 위치를 정확하게 표현하는 것이 더 중요하다. 위치를 정확하고 강조해서 말하고 그곳이 어디냐고 물어야 한다. 표정은 밝게 하고, 시선은 상대방의 눈으로, 미소를 띠며 큰소리로 묻는다. 위치를 정확하게 알아내는 것이 목표가 아니라 방향을 정확하게 알아내는 데 목적을 둔다. 상대방이 내가 원하는 답을 줬을 땐 꼭 감사의 표시를 한다. "땡큐, 해브 어 나이스데이" 정도면 충분하다.

지금은 훌륭한 조언자인 나도 처음 여행할 땐 길치였다. 둘이 합심해서 길을 물어물어 가지만 알려준 길도 제대로 못 가고 엉뚱한 곳으로 가는 우리를 위해 다시 찾아와 알려주던 친절한 부인도 있었다.

스토리를 만드는 능력

　　　　코펜하겐은 크지 않지만, 박물관과 성당 그리고 광
장이 오밀조밀 조화롭게 연결되어 있었다.

　규동이에게 여유의 진정한 의미에 관해서 물어봤다. 선생 아니랄까 봐
꼭 티를 낸다. 하지만 청출어람이라고 규동이는 선생님의 의도를 잘 파
악하고 성실하게 대한다.

　상황을 통제하는 능력을 갖추되 내가 할 수 없는 것은 과감히 포기하
고 버리는 것이 여유라는 것을 지난 뉴욕 여행에서 깨달았다. 내가 깨달
았다고 해서 남에게 전수하는 것은 별개의 과정이다. 내가 깨달은 것은
내가 처한 상황과 분위기 그리고 그동안 축적되어왔던 무언가에 의해 깨

달은 것이어서 그것을 알려준다고 해서 전수되는 것은 아니다. 그 느낌을 전수하기 위해선 상대가 익숙하게 알고 있거나, 관심을 가지는 또 다른 상황이 있어야 한다. 우린 그걸 카메라에서 찾았다.

마침 DSLR 카메라를 가져온 규동이에게 내가 알고 있는 모든 기술을 전수했다. 사실 나의 사진 기술은 그리 대단한 것이 없다. 사진기에 대한 기본적인 기능과 원리에 대한 설명을 해주었지만, 사진 찍기에 대한 구체적인 기술은 많이 하지 않았다. 대신 피사체와 카메라로 볼 수 있는 화각 angle of view에 대한 이해에 더 많은 이야기를 나누었다.

사진을 찍다 보면 온 세상이 직사각형으로 보이는 착각이 든다. 가상의 직사각형을 멀리 혹은 가깝게 하면서 찍고 싶은 대상을 정하는 것이다. 같은 대상을 찍어도 화각에 따라 느낌이 다르다. 원래의 대상은 변하지 않는데 화각을 어떻게 두느냐에 따라 달라 보인다. 위에서 찍으면 얼굴이 갸름해 보이는 것과 같은 원리. 화각에 따라 시각적으로 다르게 보이는 것이 아니다. 무언가 달라 보인다.

무언가는 바로 스토리다. 그림 한 장에도 많은 사연이 있다. 역사적인 이야기, 화가의 시점, 대상을 표현하려고 한 이유 등이 숨어 있다. 한 장의 사진에서도 스토리가 나올 수 있지만, 쉽지 않다. 그림은 시간의 여유를 두고 한 장안에 화가가 원하는 장면을 넣을 수 있지만, 사진은 원하는 장면이 나올 때까지 기다리거나 찾아야 하기 때문에 스토리를 만들기 어렵다. 대신 그림과 달리 여러 장을 찍을 수 있다.

난 사진으로 명작을 추구하지 않는다. 그러나 스토리는 추구한다. 한 장의 사진으로 스토리를 완결하는 것이 아니라 여러 장의 사진으로 하나의 스토리를 만든다. 그래도 한 장의 사진만 써야 한다면 어떤 스토리를

만들 수 있을까? 그땐 글이 필요하다. 사진에 글이 있으면 표현이 더 매
끄럽다.

"길 양쪽에 나무들이 참 좋다. 이 장면을 한번 찍어보자."

아름다운 장면을 찍으려 할 때 먼저 무엇을 찍을지 정하고 이유를 말
해준다. 아름다움에 관해 아무리 설명해도 전달이 잘 안 될 때가 있다. 그
럴 땐 같은 장면을 찍은 사진을 서로 비교해보며 이야기를 나눈다. 눈으
로 본 아름다움을 사진으로 찍어보며 직관적으로 이해해보는 것이다.

스토리에 대한 것을 살펴보자. 아래 사진은 덴마크 출신의 유명한 동
화작가 안데르센의 동상이다. 이 사진 하나만으로는 안데르센을 설명하
기엔 뭔가 부족하다. 그냥 하나의 팩트 이상의 의미를 찾기 힘들다. 하지
만 오른쪽의 사진처럼이라면 이야기가 달라진다.

코펜하겐에는 세계 최초의 테마파크인 티볼리TIVOLI가 있다. 아이들을 위한 놀이터인 테마파크 티볼리와 아이들을 위해 수많은 명작을 남긴 덴마크의 동화작가 안데르센을 한 화면에 놓으면 이야기가 만들어진다. 안데르센의 시선 끝에 티볼리 테마파크가 있다. 안데르센과 티볼리는 별개의 사실이지만, 한 장의 사진에 하나로 묶이면서 풍성한 이야기가 나올 수 있다.

대신 몇 가지를 당부했다. "선생님의 생각이라고 해서 무조건 받아들이지 마라. 내가 체계적으로 공부한 것이 아니기 때문에 틀릴 수도 있다. 아니라는 생각이 들면 네 생각을 이야기해라. 그래야 나도 배운다."

찾아가려 했던 코펜하겐 국립미술관은 못 찾고 엉뚱한 곳에서 만난 칼스버그 갤러리의 조각에서도 스토리를 만드는 실마리를 찾았다.

이름 모를 작가의 조각품이 눈에 들어왔다. 한 여인의 애처로운 눈빛이 내 시선을 사로잡았다. 그녀를 내려보는 남자의 무표정이 대조를 이룬다. 아마 둘은 사랑하는 사이인 듯하다. 그러나 서로 눈을 마주치지 않고 있다. 무표정한 남자의 왼손은 두려움에 떠는 그녀의 어깨를 감싸고

오른손은 그녀의 팔꿈치를 붙잡고 있다. 남자의 무릎에 기대어 있는 여자는 무엇인지 모를 두려움에 떨고 있다. 아마 두 사람은 무언가 심각한 결정을 앞두고 있는지도 모른다. 무엇이 그들을 두렵게 만들었을까? 많은 이야기를 할 것 같은 작품이다. 전체적으로 보면 하나의 작품이지만, 각자의 얼굴과 손 모양 그리고 동작을 뜯어서 보면 또 다른 이야기가 나온다.

그렇다면 이야기는 작가의 몫일까? 아니면 관람객의 몫일까? 둘 다 이야기를 풀어낸다. 그렇지만 관람객이 풀어내는 이야기가 더 풍성하고 다양하다. 미술은 수학이 아니기에 정답이 없다. 어떻게 해석하든 그 자체가 의미 있다. 나와 전혀 다른 생각을 가지고 이야기를 풀어낸다고 해도 불편하지 않다. 해석의 차이에서 오는 즐거움은 오히려 더 진하게 느껴지는 법이다. "아하, 그렇게 해석할 수도 있군요." 깔깔깔 웃으며 작품에 대한 자신의 느낌을 이렇게 이야기로 풀어내는 것이 얼렁뚱땅한 나의 그림 보는 관점이다.

퐁피두센터에서 탄생한 얼렁뚱땅 미술 수업

퐁피두의 외관은 특이하다. 건물 외관이 파이프로 구성되어 있어 개장 초기엔 매우 혁신적인 건물 형태라고 평가받았다. 1960년에서 1990년대까지의 현대미술품을 전시해놓은 퐁피두는 미술 수업에서 디자인을 어떻게 적용하면 좋을지 영감을 얻은 곳이었다.

현대미술을 말할 때 피카소를 빼고 설명하기 어려울 만큼 그가 끼친

영향은 크다. 특히 3차원적인 대상을 2차원적인 화면에 표현하는 입체적

인 화면의 구성*은 시각과 표현에 대한 새로운 시도와 해석을 낳았고, 그

러한 새로운 시도는 훗날 여러 예술가와 사조를 거치면서 예술가의 생각 자체를 표현하는 시도를 다양하게 했다. 지금의 현대미술은 예술가 자신의 생각과 느낌을 어떠한 제약 없이 표현할 수 있는 경지에까지 다다랐다.

나는 그림 속에서 이야기를 찾는다. 화가는 이야기의 주인공이고 관객들에게 자신의 이야기를 그림이라는 방식으로 들려준다. 르네상스 이전의 성화(聖畫)는 신과 예수에 대한 종교적인 이야기가 주를 이루고, 르네상스 시대의 그림은 신화와 인간에 대한 이야기를 주로 한다. 그 인상주의 화가들은 자연과 인간 그 자체에 대한 이야기를 풀어놓는다.

시대에 따라 표현 방법과 형식은 다르지만, 작가와 관객 사이에는 신, 신화, 자연, 인간이라는 요소를 공유하면서 표현과 감상을 했을 것이다. 지금의 기준에서 볼 땐 표현 자체가 한정되어 있는 것처럼 느껴지지만, 그것으로 인해 화가와 관객 사이에 공감의 끈이 유지되지 않았을까?

인상주의를 현대미술의 시작이라 보기도 한다. 어떤 점이 달라진 것일까? 화가는 신이나 신화가 아닌 자연과 인간을 주제로 삼았고, 표현 방식은 그런 화가가 느낀 감정을 최대한 표현하려는 새로운 시도를 거듭했다. 그러면서 관객도 바뀌어갔다. 그 이전 예술을 주도하던 귀족과 성직자를 대신해서 자본가와 시민이라는 새로운 관객이 생겼고 과거 미술과 대비되는 인상주의 작품들에 흥미를 가지기 시작한 것이다.

그렇다면, 인상주의 이후로 나타난 현대미술은 어떻게 봐야 할 것인가? 무수히 많은 작가가 자신의 느낌과 표현을 시공간의 제약을 거의 받지 않는 상태에서 표현한다. 표현의 다양성이 직선의 형태가 아니라 3차원의 방사형으로 뻗어 나간다.

관객은 어떤 자세로 감상해야 할까? 현대미술 이전엔 화가가 아름다움이 있는 곳에 서치라이트를 비추는 꼴이었다. 관객은 서치라이트가 비춰진 불빛을 따라 화가가 밝힌 아름다움을 감상하면 되었다. 그러나 현대미술에서 표현은 나이트클럽의 현란한 사이키 조명과 같다. 한 방향이 아니라 3차원의 모든 공간으로 빛이 나간다. 사이키 조명의 현란하고 환상적인 불빛에 몸을 맡겨 춤을 추듯이, 현대미술을 대하는 관객 역시 표현의 한계가 사라진 작품을 만날 땐 그냥 즐기면 된다.

작품을 봤을 때 관객인 내게 느낌이 오는 것을 찾는 것이 현대미술의 관람 포인트다. 작가들의 무수히 다양한 의도를 일일이 쫓아갈 수 없다.

대신 그 많은 작품 중에 내게 의미 있게 다가오는 작품만 취사 선택하면 된다. 난 여기서부터 현대미술을 감상하는 시작점으로 삼았다. 그래서 아이들에게 현대미술을 표현하는 방법에 대한 영감도 얻었다.

하지만 처음부터 아무거나 표현해도 된다고 하면 아이들은 혼란스러워한다. 표현의 자유를 주되 어느 정도 적응 기간이 필요하다는 것이 나의 생각이다. 표현의 자유를 주되 익숙한 재료로부터 시작해야 한다는 것이 나의 생각이다. 표현의 자유를 주되 평소에 익숙한 생각으로부터 특별함을 찾아야 한다는 것이 나의 생각이다. 표현의 자유를 주되 남들과는 다른 나의 정체성을 찾도록 해야 한다는 것이 나의 생각이다.

예술가가 자신의 생각과 느낌을 강조해서 자유롭게 표현했듯이 관객인 나도 나의 생각을 우선해서 관람하는 것이다. 남들과 다른 나의 정체성을 찾는 것은 내가 하는 수업에서 가장 중요하게 생각했던 것이고 그것은 얼렁뚱땅 미술 수업에서 강조했던 것이다.

아름다움을 추구하는 미술의 본질은 시대에 따라 달라지는 것이 아니다. 아름다움이라고 하는 의미 자체가 '예쁘다'에 한정되지 않음을 인식할 때 아름다움은 표현의 자유 그 자체다.

퐁피두에서는 아이들과 함께해볼 수 있는 두 가지 요소를 발견했다. 하나는 색상의 다양함을 경험해볼 수 있는 작품이다. 나는 그림 지도를 하면서 색은 눈에 보이는 세상을 표현하는 도구라고 말한다. 그러나 눈에 보이는 색은 언제나 바뀔 수 있기 때문에 색을 정확하게 표현하기 위해 노력하는 것보다 어울리는 색을 찾는 것에 더 중점을 뒀다. 대신 무엇을 그리려고 하는지 대상물에 대한 생각을 먼저 하게 했다. 즉 무엇을 그릴 것인가에 대한 생각을 강하게 하는 것이다. 그것은 내가 무엇을 보고 있으며, 무엇이 아름다운지에 대해 더 집중하게 유도한다.

　퐁피두에 전시된 디자인 작품을 보면서 대상이 아닌 색상 그 자체에 집중해보는 기회를 가지면 어떨까? 하는 생각을 했다. 참고가 될 만한 작품들을 찾았다. 아이들의 눈에도 어렵지 않고 이해가 될 만한 작품들이다. 초등학생 수준에서 한번 도전해볼 만한 작품을 사진에 담는다.

두 번째는 조형물을 표현하는 작품이다. 조형물을 표현하는 대표적인 작품은 조각이다. 찰흙으로 환조나 부조를 표현할 수 있지만, 초등학생에게 조각은 어렵다. 쉬우면서도 개성을 표현할 수 있는 독특한 작품을 발견했다. 내가 찾은 건 평면의 두꺼운 종이 위에 수직으로 평면의 인물이나 사물을 올려놓은 작품이다.

함께 전시된 마블링* 작품 몇 개를 봤다. 그런데 마블링을 보면서 '우연성'에 대해 힌트를 얻었다. 의도하지 않은 우연성이 가장 강렬한 형태의 작품이 마블링이다. 하지만 그 우연성을 통해 어떤 느낌을 관객이 받았다면, 그 자체로 의미 있는 예술 행위가 된다. 작가가 의도를 가지고 우연적인 표현을 했을 때 그것을 보는 관람자가 그 의도와 비슷한 느낌을 받았다면, 우연으로 끝나는 것이 아니라 작가와 관객은 작품으로 소통되는 것이다.

* 물과 기름이 서로 섞이지 않는 성질을 이용한 것으로 우연의 효과를 살려 작품을 제작하는 기법.

그렇다면 소통이란 무엇일까? 소통은 바로 작가와 관객이 생각과 관념의 다발이 연결되는 것이다. 말이나 글로 표현하기 쉽지 않지만, 그건 작가의 표현 활동과 관객의 감상 활동 사이에 생긴 '조화'다. 우연으로부터 시작하는 조화로움을 표현하는 것. 디자인을 미술에 어떻게 표현할 것인지에 대한 힌트를 얻었다.

마블링과 비슷한 작품은 무엇이 있을까? 교대에서 배웠던 색상 표현, 선 긋기, 데칼코마니 같은 활동은 우연성을 표현하기 위한 수단이란 사실을 알았다.

수단을 통해 조화의 문까지 안내한다면 그다음은 무엇의 목표를 둘 것인가? 일관성에 둬야 한다. 한 번의 우연으로 조화로움까지는 인도하고 연출할 수 있다. 그러나 그것이 한 번의 우연으로 끝나서는 안 된다. 꾸준히 할 수 있는 힘이 있어야 하고 이것이 바로 일관성이다. 일관성을 아이들에게 접목시킬 방법은 찾아야 한다. 자세한 방법은 연구해야 하지만 방향을 잡으면 방법은 그리 어렵지 않게 찾을 수 있다.

이건 단지 미술 수업에만 적용되는 것이 아니다. 기초와 기본을 중심으로 한 바람직한 민주시민의 자질의 함양이란 결국 일관성에 해당하는 것이다. 초등교육 전반을 관통하는 핵심을 찾았다.

큰 희열을 느낀다. 희열은 목마름을 낳는다. 숙소로 돌아와 맥주 한 잔을 들이켰다. 목을 넘어가는 맥주는 그 목마름을 해소해주는 감로수처럼 느껴졌다.

규동이와 오늘 받은 영감에 관해 이야기를 나눈다. 이야기는 자연스럽게 아이들의 이야기로 연결되고 일관성을 기를 수 있는 가장 확실한 것은 태도라는 것에 귀결했다.

다른 과목이 아닌 미술에서도 태도가 중요할까? 새로운 것을 표현하는 것과 표현한 것을 다른 사람들에게 보여주는 것은 두려움을 동반한다. 익숙하지 않은 표현 방법이지만, 호기심을 가지고 해보는 태도가 필요하다. 이걸 용기라 부르기도 한다. 일관성은 이런 작은 용기를 아무렇지도 않게 무던히 하는 태도의 산물이다.

아이들끼리는 서로 비교하고 능력의 차이를 느끼지만, 가르치는 교사는 아이들의 능력 차이를 별로 느끼지 못한다. 지금 잘하는 것이 미래의 성공을 담보하는 것도 아니고 지금의 더딤이 미래의 무능을 증명하는 것도 아니기 때문이다. 하지만 아이들끼리는 능력의 차이를 엄청 크게 느끼고 부족한 능력을 채우고 메꾸기 위해 엄청난 노력을 기울인다.

특히 태도의 능력은 몸에 배어야 하기에 노력만큼 효과가 금방 나타나지 않는다. 하지만 차곡차곡 쌓이는 삶을 대하는 태도의 차이는 훗날 엄청난 격차를 낳고 이것이 바로 진짜 능력으로 발현한다.

맥주는 와인으로 바뀌고 규동이와 시작한 대화는 민박집의 다른 여행객들과 이어진다. 살아온 삶의 길이 달랐어도 우연과 조화로움 일관성과 태도의 이야기엔 자신들의 이야기를 풀어놓는다. 파리의 밤은 그렇게 깊어갔다.

파리의 민박집에서 만난 교사

여행을 가면 잠을 잘 자지 못한다. 거기다 덜렁거리기도 잘해서 소지품을 금세 잃어버린다. 중요한 물건은 구역을 정해서 보관하지만 정작 필요할 땐 어느 구역에다 무엇을 넣었는지 까먹는다. 한국에서 챙겨온 USB를 찾느라 새벽부터 난리를 떨었다. 짐을 풀었다 뒤졌다를 반복하다 겨우 찾았다.

나도 나의 건망증이 어디까지일까 궁금하다. 컴퓨터를 잘 활용하고 정리정돈을 잘하는 것처럼 보이는 것도 사실은 건망증 때문이다. 조금 지나면 잊어버리기 때문에 생각날 때마다 정리해야 한다. 기기를 잘 활용해서가 아니라 기억을 믿을 수 없기에 기기에 의존하는 것이다.

거실로 나와 보니 어젯밤 함께 대화를 나눴던 여자 분이 계셨다. 초등제자인 규동이와 함께 여행 왔다는 사실을 알고는 다른 사람에겐 알리지 않았던 자신의 직업을 알려줬다. 사회에서 다른 직업을 가지고 있다가 뒤늦게 교직에 들어와 이제 2년 차가 된 초등교사라고 하며 마침 오늘이 귀국하는 날이라고 한다.

여행 중이라 시간의 여유와 마음의 여유가 더 있어서였을까? 근무하는 곳도 다르고 여행 중 숙소에서 우연히 만나 어제 술 한잔한 인연밖에 없었지만, 교사라는 공통점은 그동안 못했던 이야기를 나눌 수 있게 했

다. 교사로서 아이들을 대하는 태도와 교사로 살아가는 것에 대해 한참 이야기꽃을 피웠다. 그 선생님은 교사가 되기 위해서 노력했지만, 이젠 교사로 살아가는 것을 고민하고 있었다. 교사라면 누구든 그런 고민을 하기에 여행 중에 만난 선생님과 교사의 삶에 대한 이야기를 나눴다.

시험을 치르고 교사가 되기까지는 정해진 코스로 왔지만, 교사가 되고 난 후에는 코스가 정해져 있지 않다. 그리고 교사가 되기까지가 단거리 달리기라면, 교사로 사는 것은 마라톤 풀코스와 같다.

살면서 많은 고민과 선택이 따르지만, 크게 두 가지 주제로 나눌 수 있다. 하나는 '무엇을 하며 살 것인가?'이고 또 하나는 '어떻게 살 것인가?'이다. '무엇을 하며 살 것인가?'는 보다 형이하학적이고 원초적인 질문이지만, 최소한 교사가 되고 난 이후로는 하지 않아도 되는 질문이다. 인생에 있어 가장 큰 두 가지 고민 중 하나가 해결되었다는 측면에서 교사라는 직업은 그 자체가 축복이다. 대신 교사가 되고 난 후 '어떻게 살 것인가?'에 고민을 엄청나게 하게 된다.

'어떻게 살 것인가?'는 다시 크게 두 가지로 나뉜다. 첫 번째는 '선생으로 어떻게 살 것인가?'이고 두 번째는 '인생을 어떻게 살 것인가?'이다. 둘은 별개인 것 같으면서도 나중에는 하나로 엮인다. 엮을 생각이 없더라도 고민이 깊어지고 앎과 삶이 일치하게 되면서 교사의 삶과 개인의 삶이 일치되어 간다. 그러나 이건 좀 먼 미래고 당장 와 닿지 않는다.

그렇다면 교사로서 성공한 삶의 기준을 어디에 두어야 할까? 흔히 교사 하다 승진해서 교감, 교장 하면 교사로서는 성공한 삶이 아닌가 생각한다. 그러나 교장, 교감이 되려고 교사가 된 것이 아니라면 승진만이 교사의 성공한 삶을 보여주는 지표는 아니다. 그렇다면 성공한 교사의 삶은 뚜렷한 기준이 있는가? 그런 기준은 없다. 교사로서 어떤 삶을 살더라도 옳고 그름 혹은 높고 낮음을 평가하거나 재단할 수 없다.

교사로서 성공한 삶의 기준이 없는 대신 두 가지는 확실히 존재한다. 그 하나는 스스로에 대한 평가이고 또 하나는 지나온 날의 성과다. 전자가 자기 평가라면 후자는 타인 평가다. 생각해보라. 퇴직하는 날 자기 삶을 뒤돌아볼 때 지나온 교사의 삶이 부끄럽지 않다면 성공적인 교사의 삶이라 할 수 있지 않을까? 자기 평가와 타인 평가 중 무엇이 더 중요하다고 생각하느냐는 각자의 선택이다. 그 질문을 나에게 던진다면 난 스스로에 대한 평가를 고르겠다.

이제 막 교사의 길을 들어선 선생님과 교사가 되기 위해 공부하는 제자와 함께 나누는 이야기는 즐거웠다. 여행만이 가져다주는 우연이지만, 그 순간 진지해져서 속마음을 털어놓고 이야기하는 건 짜릿한 즐거움이다. 귀국을 앞둔 그 선생님과 이야기하면서 나 자신이 또렷해지는 느낌이 들었다.

권위는 외형에서 나오는가? - 베르사유 궁전에서

베르사유 궁전은 파리 외곽에 위치해 있어 숙소에서 트램과 국철RER을 타고 갔다. 표를 잘못 끊어 반대 방향으로 가는 등 우여곡절 끝에 도착한 베르사유에는 엄청난 관람객의 줄이 늘어서 있었다. 그래도 뮤지엄패스가 있으니 괜찮겠지 하고 갔더니 패스가 있어도 줄은 서야 한단다.

날은 점점 더워지고 따갑기까지 했다. 15년 만에 찾아온 파리의 무더위는 엄청났지만, 베르사유는 더위를 식혀 줄 만한 영감을 내게 주지 못했다. 아니 줄 것이 없다고 하는 것이 더 정확한 표현이다. 궁전 안과 밖의 정원이 이곳 관광의 핵심인데, 궁전 안은 루이 14세의 절대왕권을 상징하기 위한 조각과 미술 그리고 건물 곳곳의 부장품들로 채워져 있었다.

나는 그런 것들이 아름답게 느껴지지 않았다. 옷을 입고 거기에 맞는 장신구를 착용한다고 생각해보자. 한두 개의 포인트를 주는 것이 보기에 아름답지 양손에 반지를 10개를 끼고 금목걸이를 두세 개쯤 돌리고 양팔에 다시 금으로 팔찌를 몇 개씩 두른 후에 발찌와 각종 피어싱으로 금붙이를 달면 어떨까? 바로 영화 '300'에 나오는 페르시아의 왕 크세르크세스처럼 보이지 않을까?

베르사유를 볼 때 아름답다기보다 천박하다는 느낌이 더 많이 든 건

왜일까? 그 많은 예술가를 동원해 왕의 권위를 신의 반열에 올리려고 했던 루이 14세의 모습에 반감을 가진 내 태도가 관람에서도 적나라하게 나오고 있었다.

권위에 대해 생각해본다. 그리고 나 자신에게 반문해본다. 난 '권위'를 가지고 있는가? 교사로서 아이들을 대할 때 난 확실한 '권위'를 가진다. 무소불위의 절대적인 권위가 아니다. 자발적인 책임감을 바탕으로 시작한 솔선수범이 내 권위의 바탕을 이룬다. '교사이기 때문에 존경하는 것이 아니라 존경할 만한 교사만 존경한다'라고 생각하는 학생과 학부모들의 보편적인 생각에 동의한다. 대신 교육전문가로서 확실한 식견과 방향 그리고 대안을 제시할 수 있도록 부단한 연구와 노력을 아끼지 않을 때 비로소 교사 차승민으로서의 권위가 생긴다고 본다.

루이 14세의 권위는 밟고 일어서는 권위처럼 느껴진다. 그의 욕망은 역사에 기록되었듯이 후대에 프랑스 대혁명의 도화선이 되어 루이 14세는 비참한 최후를 맞이한다. 베르사유는 루이 14세의 권위를 세우기 위해 건설되었고 지금도 그 찬란하고 화려한 건물과 소장품들을 관객들에게 뽐내고 있지만 허무함을 느낀다.

다시 나를 돌아본다. 내 아이의 부모로서, 가르치는 자로서 권위를 세우기 위해서는 겉으로 보이는 대단한 것이 아니라 내적으로 쌓아 올린 무언가가 있어야 한다. 내적인 무언가는 바로 일상에서 축적한 솔선수범이다. 난 베르사유에서 루이 14세의 솔선수범을 볼 수 없었고, 베르사유가 보여주는 찬란한 권위를 인정하기 어려웠다.

"초등학교 때 제자와 함께 왔어요."

나이 차가 나는 동행의 정체를 궁금해하던 다른 여행객들에게 우리의 모습은 참 의아했을 것이다.

여행은 나를 가르치는 자에서 배우는 자로 변하게 했다. 제자와 함께한 여행은 배우는 자가 어떤 마음가짐을 가져야 하는지 경험하는 기회가 되었다.

길을 걷고, 숙식을 함께하며 여행지를 돌아보는 단순한 일정의 연속이었지만 묻고, 답하고 또 다시 묻는 배움의 연속이었다.

한 번의 이벤트로 끝나는 여행이 아니라 이후에 몇 차례 제자와 함께 여행할 수 있어 더 행복했다. 이번 여행은 그 시작이었다.

아내와 함께한 서유럽

15년 만에 떠나는 아내와의 여행

아내와 결혼한 지 15년이 훌쩍 지나갔다. 부부가 모두 교사이니 방학이면 여행을 자주 다닐 수 있을 거라 생각했지만, 현실은 녹녹하지 않았다. 같은 일을 한다고 해서 성향이 같은 것은 아니다. 15년의 결혼 생활은 익숙함과 함께 권태로움도 가져다주었다.

부부 교사라고 하면 같은 일을 하니 함께할 시간이 많고 경제적으로도 여유가 있을 거라고 생각하지만, 적어도 우리 부부에겐 그렇지 않았다. 교사라는 같은 일을 하지만, 교사의 삶을 살아가는 방식은 서로 달랐다. 아내는 아내의 학교생활에, 나는 나의 학교생활에 충실하다 보면 너무나 잘 알고 있기에 서로 이해가 잘되지 않는 상황이 벌어져 오히려 대화가 줄었다. 옳고 그름의 문제가 아니었다. 아내는 아내대로 나는 나대로 교사의 삶을 사는 방식이 달랐다.

아내는 능력 있는 교사였다. 각종 연구대회와 수업경연대회에서 출중한 학습지도 능력을 발휘하고 상도 받았다. 거기다 자기 반 아이들도 성심을 다해 가르쳤다. 하나하나 세심하게 돌보면서도 항상 새로운 수업 방법과 게임, 활동 등을 고민하며 수업 준비를 했다. 같은 교사지만 난 아내처럼 하지 않았다. 학창시절 공부처럼 뭔가 정해진 목표를 달성하는 것이나, 누가 더 잘하는지 겨뤄보는 것이라면 늘 하위권이었던 나는 교사끼리 경쟁하는 일에는 별 관심이 없었다. 대신 아이들의 마음을 읽고 이해하며 충분히 기다려주는 교육을 지향했다. 아내와 난 부부로 살지 않았으면 서로에게 신선한 자극이 되었을지 모른다.

우리에겐 가정이 있었고, 아내와 나의 교육 방식이 통하지 않는 아들이 있었다. 아내는 학교에서 빈틈없이 대처하기 위해 자기의 시간을 쪼개는 방법을 썼다. 늘 퇴근은 늦고 지쳐있었지만, 다음날 수업을 위해 눈에 보이지 않는 곳에서 애썼다. 내가 보기엔 몸이 녹아내리는 것처럼 보였다. 그런데 아내의 교육 방식은 정작 아들에겐 통하지 않았다. 다양하고 수준 높은 사교육을 찾아서 시켰지만, 아들은 천에 물을 붓는 것처럼 다 흘려보내 버렸다. 부모가 정해주는 과정을 싫어하진 않았지만, 그렇다고 애착을 보이지도 않았다. 학년이 올라갈수록 생활과 학습 태도는 점점 떨어지고 우리 부부의 잔소리는 늘어만 갔다.

지금 와서 다시 생각해보니 아들이 공부를 안 하는 것보다 명색이 부부 교사인데 아들이 공부와 태도가 안 좋으면 더 욕을 먹을지 모른다는 것이 두려웠던 것 같다.

변곡점이 필요했다. 아들 문제보다 더 시급한 건 아내와 내가 더 늦기 전에 삶의 전반에 대한 큰 틀을 바꿔야 한다는 생각이 들었다. 무엇보다 우린 대화가 필요했다. 늦은 나이에 시작한 여행은 우리 부부에게 새로운 도전을 할 수 있는 용기를 주었다.

당시 6학년이었던 아들은 장거리 비행이 싫다는 이유로 여행을 가지 않겠다고 선언하는 바람에 아내와 단둘이 오붓하게 떠날 수 있었다. 인천에서 출발하여 모스크바를 경유하는 이번 여행은 마드리드, 바르셀로나, 런던, 파리를 거쳐 로마에서 돌아오는 20박 21일의 여정이었다. 이번 역시 미술관과 박물관 위주였지만, 또 하나 중요한 것이 있었다. 아내와 나는 여행 동안 다투지 않고 대화하는 것을 목표로 정했다.

하지만 우리 부부의 여행은 생각보다 쉽지 않았다. 15년의 결혼 생활로 서로를 잘 안다고 생각했지만, 모르는 것이 많다는 걸 인정해야 했다. 여행을 하는 동안은 서로 떨어져 지낼 수 없기에 최대한 서로에게 맞춰야 했다. 그나마 여행 경험이 많은 내가 아내에게 맞춰 진행했다. 욕심을 부리지 않고 항공권과 여행 경로를 정하고 입장권과 숙소를 예약했다. 혼자 남는 아들은 21일 동안 할머니와 지내기로 하고 나는 아내와 신혼여행 이후 처음으로 둘만의 여행을 떠났다.

부어버린 아내의 발

아내의 짐은 피난민 수준이었다. 3주 동안 여행을 하려면 짐이 많이 필요하다. 거기다 처음 가보는 유럽여행이기도 하고 겨울이어서 유난히 추위를 많이 타는 아내의 짐은 28인치 캐리어가 터져나갈 정도로 많았다. 짐이 넘쳐 아내의 짐 몇 개를 내 캐리어에도 넣었다.

모스크바를 경유해 마드리드에 도착해서 첫날 여장을 풀고 다음 날부터 본격적인 미술관 여행에 나섰다. 다행히 숙소가 시내에 있어 모든 미술관은 걸어서 다닐 정도로 가까웠다.

마드리드에는 유럽 3대 미술관이라고 하는 프라도 미술관이 있다. 벨라스케스, 고야, 엘 그레코와 같은 스페인 화가들의 진수를 볼 수 있다. 거기다 피카소의 '게르니카'가 유명한 소피아 미술관과 티센 보르네미사 미술관도 있다.

1월 마드리드 날씨는 우리나라보다는 좀 낫지만 그래도 추웠다. 우리

의 여정은 미술관에서 많은 시간을 보냈다. 미술관만 다니면 별로 힘들 것 같지 않지만, 실제로는 은근히 많이 걸어야 한다.

한가롭게 작품을 구경하면 될 것 같은 미술관 투어는 생각보다 훨씬 힘들다. 왜 그럴까? 미술관을 다닐 땐 자기도 모르게 작품에 집중하면서 다닌다. 혹시라도 유명한 작품을 그냥 지나칠세라 신경을 곤두세우고 다니다 보면 자기도 모르는 사이에 지친다.

유럽의 이국적인 풍경은 미술관이 아니더라도 거리 곳곳 여기저기에 신기한 구경거리가 많다. 마드리드의 중심가는 걸어 다니기에 충분하다. 왕궁과 아토차역 사이에 미술관이 거의 다 몰려있어서 숙소만 중심가에 있다면 도보로 여행도 충분히 가능하다. 그러나 생각해볼 것이 있다. 평소 많이 걷고 버스 정거장이나 지하철역 한두 개 정도는 걸어 다닌다면 도보여행은 즐거움이지만 그렇지 않으면 매우 힘들다.

아내는 평소에 운동을 많이 안 하는 데다 아침부터 저녁까지 오래 걸어본 일이 없었던지라 금세 체력이 바닥났다. 그렇지만 아내는 지하철을 타는 것보다 걸어 다니는 걸 선택했다. 그것이 훨씬 재미있고 신나기 때문이다. 문제는 아내의 체력이 아내의 마음을 따라주지 못했다.

저녁마다 난 아내의 퉁퉁 부은 다리를 주물러주고 약을 발라줬다.

"다리가 견디지 못하는데 더 보려고 하는 것도 욕심이야."

지나친 욕심은 부리지 말아야 한다는 사실은 누구나 안다. 멀리 있는 욕심이면 언감생심이라 생각하고 지레 포기할 수 있지만 막 눈앞에 아른거리는 욕심이 더 무서운 법이다. 한발만 더 가면 다다를 수 있을 것 같기에 포기하기 힘들다. 목표를 위해 정열적으로 도전하는 것도 힘든 일이지만, 평상심을 가지고 꾸준히 유지한다는 건 더 어렵다는 사실을 여행을 하면 할수록 느낀다.

대영박물관과 파르테논 갤러리

바르셀로나에서 런던까지 이지젯항공으로 이동해 교통의 중심지인 빅토리아역 인근에 숙소를 잡았다. 2011년에 런던에 와봤기에 두 번째 방문이었다. 대영박물관도 두 번째 방문이었는데, 느낌이 조금 달랐다.

대영박물관은 정말 대단한 유물들을 모아놓은 곳이다. 영국이 전 세계에 식민지를 보유하면서 강제로 긁어모았다고 비난을 많이 받는다. 반대로 영국은 묻혀 있고 버려져 있던 유물을 발굴, 연구, 보존하지 않았더라

면 사라지고 말았을 것이라 주장한다. 제국주의의 침탈이라는 주장이 옳은지, 인류의 문화유산을 대신 보존한다는 영국의 주장이 옳은지는 모르겠지만 대영박물관이 수집하고 보존한 문화재가 아니면 인류의 문화유산을 일목요연하게 관람할 기회도 없을 것이다. 대영박물관은 유지에 엄청난 재원이 들어가지만 모든 관람객에게 무료로 개방한다.

처음 왔을 땐 오디오 가이드를 빌려 거의 8시간 동안 꼼꼼히 관람했지만, 이번엔 그렇게 하고 싶지 않았다. 한글판으로 된 안내도만 있으면 아내에게 설명을 다 해줄 수 있을 거라 생각했다. 특히 아테네의 파르테논 신전에 붙어 있는 프리즈frieze(대리석 부조)를 다 뜯어 와서 전시한 파르테논 갤러리를 아내에게 안내해주고 싶었다.

프리즈는 미술적 가치뿐만 아니라 역사적인 가치도 있다. 문서나 문자의 발달이 덜 된 고대에는 역사적인 사실이나 영웅의 서사 혹은 그와 유사한 기록을 건물의 내, 외벽에 프리즈로 표현했다. 그러니 프리즈는 단순한 작품 하나가 아니라 하나의 거대한 서사를 담고 있다.

파르테논 갤러리의 프리즈 역시 마찬가지다. 난 이전 관람에서 프리즈 하나하나에 의미를 오디오 가이드의 설명을 들으며 감탄했다. 그때 그 느낌과 감정을 아내에게 설명해주려고 했다.

그런데 이상했다. 오디오 가이드 없이 프리즈를 보는데 그때의 감정은 살아 있지만, 내용이 기억나지 않았다. 듣고 감탄했다고 해서 내 것이 된 게 아니었다. "여보 미안해! 자세하게 기억나지 않아" 자신 있게 설명해 주겠노라는 호언장담은 어디 가고 아내에게 솔직하게 말한 후 오디오 가이드를 대여해줬다.

내 설명 대신 오디오 가이드를 열심히 듣는 아내를 보면서 번뜩하고 스치고 지나가는 것이 있었다. 아는 만큼 보이는 것 맞다. 아는 만큼 보고

보이는 만큼 느끼는 것도 맞다. 그 느낌이 모여 다시 앎으로 변한다. 그러나 아는 만큼 유지하는 것도 힘들다. 알기 위해 배워야 했던 공력을 '아는 만큼 유지' 하는 데도 꾸준히 기울여야 한다. 아는 것을 유지하기 위해 에너지를 쏟다 보면, 정작 새로운 것을 만났을 때 배우고 느끼는 데 어려움을 겪는다. 이전에 파르테논 갤러리에서 깨우친 걸 시간이 지난 뒤 되살리려고 하니 다 기억나지 않아 아는 것도, 모르는 것도 아닌 어정쩡한 상태라는 것을 알았다.

그다음이 중요하다. 난 아는 만큼 보려고 하지 않고 느끼는 만큼 보려 한다. '알아야 느낄 수 있다' 고 무조건 믿으면 알지 못하는 미지의 것, 경험하지 않은 새로움을 만날 때는 아예 모른다고 여겨서 직관적으로 다가오는 자신의 느낌을 잡지 못한다. 특히 예술은 더 그렇다. 느끼고 나서 알아가도 늦지 않다. 오히려 느낌은 호기심을 더 증폭시켜 더 넓고 깊은 앎으로 인도해줄 것이다.

예술에서 성(性)적 표현에 대한 의미를 생각하다

런던에서 파리로 이동하는 데는 도버해협을 기차로 건너는 유로스타를 이용했다. 유로스타가 출발하는 세인트판크라스역까지 가는 길도 쉽지 않았다. 아내는 커다란 캐리어와 배낭을 짊어지고 낑낑거리며 걸었다. 하필 숙소 앞 지하철역에서 작은 소동이 벌어져 시간은 점점 흐르고, 급한 마음에 아내의 캐리어도 함께 끌고 뛰다시피 달렸다. '그렇게 말도 안 듣고 이렇게 무거운 걸 들고 오다니' 나의 굳어 있는 얼굴에 아내는 미안한 마음만 가득하여 종종걸음으로 따라왔다.

런던을 떠날 때 날리던 눈발이 파리에선 더 거세지기 시작했다. 급기야 파리에 도착한 다음날은 20년 만에 폭설로 파리가 눈 속에 파묻혔다.

파리에서의 숙소는 지하철역 종점에서 버스를 다섯 정거장 더 가야 하는 곳이었다. 지하철은 정상 운행했지만 내린 눈 때문에 버스는 다니지 않았다. 할 수 없이 눈 쌓인 거리를 미끄러지고 넘어지며 겨우 지하철역까지 가서 시내로 나갔다.

눈밭을 헤치고 가다 보니 아내의 신발이 젖어 있었다. 그런데도 런던에서부터 내 눈치를 보느라 내색도 못하고 따라오고 있었던 것이다. 미안한 마음이 들었다. 경비를 아끼느라 시내에서 한참 먼 곳에 숙소를 정한 건 나였다. 허름한 숙소에 한마디 불평도 없이 따라줬던 아내에게 괜한 심술을 부린 것 같아 손을 꼭 잡아줬다. 무심한 내가 아내에게 해줄 수 있는 건 그것뿐이었다.

아내와 함께 다시 찾은 퐁피두와 로댕미술관. 이번에는 성(性)에 대한 작품이 유난히 눈에 들어왔다. 미술 작품이니만큼 성교에 대한 장면은 드물지만, 성기를 드러낸 작품이 눈에 뜨였다.

로댕의 조각품 중 여성의 성기가 적나라하게 보이도록 한 작품이 있다. 뒤에 아예 거울을 둬서 작품을 보는 관객들의 표정을 스스로 보게 한다. 퐁피두에 있는 피카소의 작품 중에는 여인이 쪼그려 앉아 오줌 누는 듯한 작품도 있다. 그림 속의 여인은 정면으로 다리를 벌려 음부를 노출시킨 채로 오줌을 눈다. 나이 지긋한 한 관람객이 그림을 보다 그림 아래에 있는 작가의 명판을 본다. 피카소라 적혀 있으니 안경을 고쳐 쓰고 그림을 더 자세히 본다. 피카소란 이름을 확인했으니 아주 의미 있는 작품

이라 생각했을 것이다. 내 눈엔 그저 오줌 싸는 여인의 그림인데.

  왜 이런 작품을 만들었을까? 혼자만의 상상을 해본다. 힌트는 영화 감상했던 나의 경험에서 유추해본다. 베드신이 나오는 영화를 보면 이중적인 감정을 느낀다. 정사 장면에서 카메라 워크를 절묘하게 하거나 편집을 잘해서 실제 관계하는 장면을 안 보이게 하면 극에 집중이 잘되고, 관계하는 장면을 너무 적나라하게 보여주면 불편하게 느껴질 때가 있었다. 아무리 적나라하게 표현하더라도 포르노보다는 덜한데도 말이다.

  왜 이런 느낌이 들었을까? 지금은 어떤 장면이 나와도 그냥 본다. 누구도 정하지 않았지만 나 스스로 기준을 세웠다. 영화 속에서 정사 장면이 나온다고 해서 보는 내가 부끄러워할 것은 아니지 않은가? 아름다움을 보는데 성적인 표현에 대해 한계를 세워버리면 시각을 편협하게 만든다. 편협한 시각은 본질을 보지 못하게 한다.

그렇다면 예술은 왜 성에 집착하게 되었을까? 피카소나 로댕의 사생활은 일반인의 삶과는 다른지도 모른다. 피카소의 그림에 등장하는 많은 여인은 그의 부인이나 연인이었다. 로댕 역시 제자인 카미유 클로델과 사제와 연인 사이를 오갔다.

그들의 삶에 대한 평가가 의견이 분분하다 할지라도 난 긍정적으로 본다. 순수의 눈을 가져야 본질을 볼 수 있고, 그것 자체가 예술의 힘이 된다고 생각한다. 관습과 제도에 갇히게 되면 신사와 숙녀는 될 수 있으나 창조적인 생각과 작품을 만들어내는 데는 걸림돌이 될 수도 있다.

난 성적인 관습을 깨고자 하는 것이 아니다. 하지만 편견 자체는 없애고자 하고 있는 그대로로 보고자 할 뿐이다.

나는 비교적 교사와 교직에 대한 편견에 그다지 많은 영향을 받지 않았다고 생각했다. 하지만 그렇지 않다. 가르친다는 것 자체는 보수적인 활동이다. 비록 그 활동은 혁신적으로 할 수는 있으나 가르쳐야 할 내용은 검증된 것이거나, 검증 가능한 것이어야 한다. 그러니 교사는 비교적 보수적인 성향을 가진다.

그러나 배워야 하는 아이들은 검증된 내용을 가르친다고 해서 잘 이해하는 것은 아니다. 검증된 내용이라도 아이들의 수준에 맞추려면 변화가 필요하다. 교사가 능동적이어야 할 이유가 여기에 있다. 보수적인 성향을 가지고 있지만, 필요에 따라 유동적이고 유연해야 한다. 가르치고 배우는 것은 이처럼 모순적이다.

예술 작품에서 성적인 표현에 대한 해석은 가르치는 자로서 나에게 어떻게 해야 할 것인가에 대한 힌트를 준다. 가르치는 자체는 보수적으로 하더라도 그것에 관계된 자료 수집이나 연구는 유연하게 해야 한다. 성적 행위 자체를 가르치는 것이 아니라 성적 행위 안에 다양한 의미와 해석의 여지가 있음을 알고 있는 상태에서 가르쳐야 미성숙한 아이들의 다양한 호기심에 대처할 수 있다. 학문적이고 보수적으로 말이다.

큐폴라와 피에타

파리에서 로마로 이동할 때도 이지젯항공을 이용했다. 숙소는 중앙역인 테르미니역 근처의 호텔로 잡았다. 밤늦게 도착했기에 다음 날부터 로마를 여행했다. 2011년에 로마에 왔을 때 바티칸 박물관을 보지 못했기에 이번엔 예매를 하고 갔다.

바티칸 박물관과 성 베드로 성당의 건립 목적은 분명하다. 이곳에서 신에 대한 느낌을 충만하게 하기 위함이다. 카톨릭 신자가 아닌 나는 세계 어디를 돌아다녀도 느껴보지 못한 대단함을 바티칸에서 느꼈다. 신의 의지가 미켈란젤로에 의해 투영되었다는 천지창조가 있는 방에서다. 그곳으로 가는 긴 회랑 역시 마찬가지다. 과연 이곳에 있는 벽화가 인간의 손으로 만들어진 것인가 하는 감탄과 찬사가 속으로 나온다.

지난여름 피렌체 아카데미아 미술관에서 받은 미켈란젤로의 감동이 다시 전해온다. 성 베드로 성당에 전시된 미켈란젤로의 피에타는 아내가 꼭 보고 싶어 했다. 그런데 내가 보는 작은 여행책에는 피에타에 대한 설명이 큐폴라* 옆에 있

* 원형 또는 다각형의 평면을 덮기 위해 두어진 반원형의 지붕(돔).

었다. 큐폴라가 성 베드로 성당의 둥근 모스크를 말하는 것인 줄 그땐 몰랐다.

"저 위에 피에타가 있대." 모르면 넘어가면 될 텐데 호기롭게 아내에게 피에타가 있다는 큐폴라에 올라가자고 제안했다.

난 위로 걸어서 올라가는 걸 좋아하지 않는다. 전망대에 올라 눈으로 직접 보는 것보다 전문가가 전망대에서 찍은 사진이 훨씬 더 멋있다. 그걸 기대하고 올라갔다가는 실망하기 십상이다. 걸어서 올라가야 했다면 안 갔을 텐데 승강기가 있었다. 승강기를 타고 올라가면 바로 큐폴라가 나올 줄 알았다. 그런데 아니었다. 올라간 곳은 성당 내부를 볼 수 있는 전망대이고 큐폴라는 지금부터이다. 360개의 계단을 올라야 한다는데, 한 사람 겨우 올라가기도 빠듯하다. 올라가다 보면 피에타가 나오겠거니 하며 참고 올라갔다. 저려오는 다리를 이끌고 꾸역꾸역 올라가는데 더 이상 참을 수 없어 입에서 욕이 나오려는 그 순간 드디어 도착했다.

그런데 있어야 할 피에타가 없다. 올라가면 찬연한 피에타가 반겨줄 거라 생각했는데, 없었다. 성당 위에서 내려다볼 수 있는 로마 시내뿐이

었다. 그마저 세찬 겨울 소나기 때문에 오래 있을 수가 없었다.

　다시 여행책을 펴본다. 그 어디에도 피에타가 큐폴라에 있다고 적혀 있지 않다. 단지 큐폴라의 설명이 있는 곳에 피에타의 사진이 있었을 뿐이다. 허탈한 마음은 둘째치고 아내에게 호기롭게 안내했던 것 때문에 쥐구멍을 찾고 싶었다. 뒤에선 아내가 왠지 모를 고소한 미소를 짓고 있는 것 같았다. 힘겹게 올라갔던 계단을 터덜터덜 내려갔다. 내려가고 보니 이거야 원. 피에타는 성 베드로 성당 안에 잘 있다.

　비를 쫄딱 맞은 상태로 피에타를 구경했다. 다른 피에타 작품은 많이 봤다. 그림으로 아니면 조각으로. 그렇지만 지금까지 봐온 다른 피에타 와는 달리 이렇게 깡마른 예수를 안고 있는 성모 마리아는 처음이다.

　큐폴라에 속았다는 생각은 이미 저 멀리 사라지고 경건한 마음으로 피

에타를 봤다. 신자가 아닌 나는 신에 대한 경건한 마음은 없다. 하지만 미켈란젤로의 피에타를 보며 경건해졌다. 그건 신에 대한 존경심이 아니라 미켈란젤로가 보여준 아름다움에 대한 존경심일 것이다.

흐르는 물은 썩지 않는다

로마에서 가장 유명한 유적지 중 하나인 콜로세움의 입장권을 사면 포로 로마노도 함께 관람할 수 있다. 콜로세움에 비해 황량하지만, 포로 로마노는 과거 로마의 생활중심지였다고 한다. 하지만 지금은 황폐한 유적지로 보인다.

처음에 왔을 때도, 두 번째 관람할 때도 느낌의 변화는 없다. 나에게 이곳에 무슨 건축물이 있었고 어떻게 사용했는지 상상력을 동원하는 것은 무의미하다. 하지만 이미 다녀왔던 유럽 유수 도시에 있는 건축물들의 원조가 바로 이곳이었음은 간과하지 않는다.

포로 로마노 안에 있는 이름도 모르는 전시관에는 벽화 하나가 전시되어 있다. 중요한 것은 아니지만 나에겐 과거를 푸는 열쇠로 작용한다. 이 집트의 벽화 느낌이랄까?

그리스, 로마문화라고 한 번에 읽지만, 엄밀히 말하면 구분을 해야 한다. 그리스가 미적으로 우수하다면, 로마는 실용적이다. 도로를 만들고 수로를 건설하고 도시를 구축하는 데 실용이 우선이다. 로마가 이런 실용에만 머물렀다면 세계를 정복했던 칭기즈 칸의 원나라와 다를 바 없었을 것이다. 그러나 로마는 그리스 문화를 받아들여 결합하면서부터 유럽 문화의 원류를 완성했다. 문화를 받아들인다는 것은 다양성을 인정하는 것이고, 그것은 새로운 문화를 창조하는 힘을 불어넣어 준다.

포로 로마노뿐 아니라 로마 시내 곳곳에는 분수와 수돗가가 있다. 강물을 도시로 끌어들여 상하지 않게 유지하는 가장 좋은 방법은 계속 흐르게 만드는 것이다. '흐르는 물은 썩지 않는다.' 이런 간단한 원칙은 로마가 세계 최대의 제국으로 발전하는 데도 적용되었다. 식민지로 복속해 착취하는 것이 아니라 로마화하여 로마의 시스템을 이식했다. 군인으로 일정 기간 복무하면 로마의 시민권을 주고 시민권을 받은 자손들이 열심히만 하면 최고 권력자로까지 올라갈 수 있는 사회 시스템을 구축한 것은 '흐르는 물은 썩지 않는다'는 원칙을 광범위하게 적용한 것이다.

한여름 땡볕에 포로 로마노를 거니는 것은 무척 힘들지만, 춥지 않은 겨울이라 찬찬히 돌아볼 수 있었다. 로마 시대의 회화와 조각을 전시하는 곳이라고 들었는데 큰 기대를 하지 않았지만, 꽤 큰 소득을 얻었다. 파리의 로댕미술관에서 조각에 대한 새로운 인상을 받고 왔는데 여기서 그 원류를 찾은 느낌이다. 특히 부조에 대한 확실한 느낌을 받았다. 일반적으로 조각상이라고 하면 환조, 일부만 만들어 벽에 붙이면 부조라고 배웠다. 왜 부조를 하는지에 대해서는 배우지 않았다.

　나만의 해석을 풀어본다. 카피톨리니 미술관에서 부조의 아름다움을 느낄 만한 여러 조각 작품을 봤다. 시신을 안치하는 관이 있다. 작품을 보니 전쟁 장면이라 아마 관에 묻힌 고인은 전쟁 영웅이거나 장군이었을 것이다. 전투의 장면이 실감 나게 표현되어 있다. 아름다움만을 이야기하는 것이 아니다. 로마 시대 건축물은 거의 대부분 벽면에 부조물인 프리즈로 장식되어 있고, 도리아 양식의 큰 기둥을 줄줄이 세웠다. 상식적

으로 생각해보자. 외형이 아름답긴 하나 그곳에서 생활하는 것은 효율적일까? 내 답은 '효율적이지 않다'이다. 실리적이고 실용적이었던 로마인들이 이걸 몰랐을 리가 없다. 그렇다면 왜 이걸 선택했을까?

건물의 가치를 공간의 효율을 중시하는 내부 지향이 아니라 겉으로 보이는 것을 중시했기 때문이었을 것이다. 건물을 통해 뭔가 알리고자 함이 더 크고 그것에 명예와 의미를 부여하는 것이 더 강한 것이다. 그리스의 아름다운 조각물들과 건축물들은 로마의 실용성에 결부되었다. 더 크고 더 아름답게 만들었다. 건물만 그랬을까? 아니다. 생활 전반을 지배하는 원리가 바로 외적 가치를 지향했을 것이다.

이집트의 피라미드, 마야문명의 유적도 외적 가치를 지향한다. 인간이 인간을 지배하기 위해서는 신성(神性)이 필요하다. 지배자는 신이 되거나 신을 대리해야 하고 그것을 위해서는 지배자의 모든 것은 외적 가치를 가져야 한다. 신을 대리하거나, 스스로 신임을 증명하는 무언가가 필요하다. 그러나 로마의 시민들은 황제를 최고 권력자로 인정해주고 신의 칭호는 주었을지언정 신성불가침의 신으로는 인정하지 않았다. 대신 외적 가치를 명예로 치환하여 세계를 지배하고 경영하는 원리로 삼았다. 실용과 아름다움은 적당히 조화를 이뤄야 진정한 가치를 지닌다.

바로크가 우아했다면 로코코는 화려했다. 바로크는 후대까지 기억될지언정 로코코는 후대까지 영향을 주는 강렬한 인상을 남기지 못했다. 왜일까? 아름다움을 표현하는 데는 기교가 필요하다. 그러나 어느 정도 아름다움을 표현하고 나면 기교는 더 이상 큰 가치가 없다. 기교에 기교를 더한다고 해서 더 아름다워지지 않는다.

로마 시대의 조각과 회화를 보면서 별 희한한 생각까지 다 해본다.

태어난 곳으로 다시 돌아가는 연어처럼

2013년 1월 25일 금요일 아침은 맑았다. 연어는 태어난 곳으로 귀환한다. 내가 처음으로 예술에 대한 영감을 얻었던 곳이며, 영화 수업이 예술 수업으로 발전할 수 있는 전환점이 되었던 보르게제 미술관을 3주 여행의 가장 마지막 날 가게 되었다. 몸은 무거웠지만, 태어난 원류를 향해 끊임없이 헤엄치는 연어처럼 난 그날을 맞이했다.

지하철을 타고 스페인 광장에 내려 여행책의 안내 대로 가봤지만 찾을 수 없었다. 2년 전엔 같이 갔던 대준이의 뒤꽁무니만 따라다니느라 어떻게 왔는지 몰랐다. 더군다나 그땐 산탄젤로성에서 보르게제 공원까지 걸어 왔기 때문에 지하철에 내려서는 도저히 방향을 찾을 수 없었다. 물어 물어 보르게제로 향했다.

공원 끝에 있는 보르게제 미술관에 가까워질수록 나의 발걸음은 빨라졌다. 초봄 날씨의 보르게제 공원은 너무 아름다웠다. 입장권을 받아 제일 첫 개장 시간에 입장을 한다.

베르니니의 작품을 다시 한번 천천히 음미한다. 속으로 감탄을 터트리며 그날의 감동을 아내에게 전한다. 그땐 제대로 보지 못했던 카라바조의 작품들도 감상한다. 빛을 표현하는 데 있어 영롱함이 감도는 카라바조의 작품은 당대의 여러 화가 중 최고로 평가받는다. 르네상스를 넘어 인상파 화가까지 확대해서 찾아도 어둠과 빛을 절묘하게 표현하는 작가 중 하나다.

나체에 대한 새로운 느낌을 받는다. 왜 나신으로 표현하는가? 나의 생각은 이렇다. 예술가들은 남들이 보지 못하는 것을 남들이 표현하지 못

한 방법으로 하고 싶어 한다. 이건 예전이나 지금이나 매한가지다. 다크에이지Dark Age라 불리는 중세는 예술에 있어서는 더욱더 암흑시대였다. 신 이외에 다른 것은 표현조차 할 수 없었고 더욱이 나체로 표현하는 것은 금기시되었다.

문예 부흥 운동이 벌어졌던 르네상스 시대에는 그런 금기를 깨는 시도를 했다. 금기를 깨면 기득권은 가만히 있지 않는다. 그렇다면 타협이 필요하다. 이길 수는 없지만, 지지 않는 처세술이 필요하다. 그 당시의 처세술은 무엇이었을까? 나체를 표현하되 신성이 훼손되지 않도록 하면 되지 않았을까? 하나님과 예수, 천사 그리고 천국과 지옥의 이야기를 표현하는데 대상체는 나체로 그리는 것이다. 그 벽을 허물며 레오나르도 다빈치, 미켈란젤로, 라파엘로와 같은 천재들이 르네상스의 찬연한 문을 열었다.

아내는 내가 밝은 그림들을 좋아한다고 한다. 그러고 보니 내 눈에 먼저 띄는 것은 밝은 내용과 느낌이 나는 그림들이다. 난 어두운 느낌의 그림도 존중한다. 밝음과 어둠은 양립할 수 없는 것이 아니라 상존하는 것이다. 하나를 선택하라고 하면 난 밝음을 선택한다.

갑자기 어두운 곳으로 들어갔다고 상상해보자. 당황하지 않으면 변화를 감지할 수 있다. 조금만 기다려보면 동공은 커지고 평소와 다른 집중력이 생긴다. 눈으로 볼 수 있는 정보는 제한되더라도 평소보다 높아진 집중력으로 얻는 느낌이 있다. 서로 견제와 균형을 이루지만 난 밝음이 더 좋다. 어두운 느낌이란 색감만을 말하는 것은 아니다. 좀 잔혹하고, 피가 흐르고, 실존적인 그림들 역시도 내게는 다 이 범주에 속한다.

그림과 조각품을 감상하는 방법은 두 가지라고 본다. 하나는 작품이 가지고 있는 화가의 기법이나 제작과정 등이 담긴 이야기를 읽어내는 것이고, 다른 하나는 감각으로 느낌을 추구하는 것이다. 나는 후자를 택한다. 이야기를 읽어낼 수 있다면 더 많은 느낌을 받을 수 있다. 하지만 현실적으로 그 그림들의 많은 이야기를 읽어내기에는 역부족이다. 수많은 작품 중에 느낌으로 먼저 오는 작품을 우선으로 대한다. 그것으로부터 이야기를 읽어나간다. 한 번에 많이 하는 것이 아니라 꾸준히 해나간다. 그러다 보면 어느 순간에 많은 이야기도 보이게 된다.

보르게제에서 감상과 함께 아내와의 여행도 마쳤다. 힘들 것이라 생각한 여행은 예상대로 힘들었다. 매 순간이 아름답고 행복하기만 한 것은 아니었다. 그렇지만 오길 잘했다고 생각한다.

여행은 힘듦을 전제한다. 부부니까 그 힘듦을 잘 이겨낼 것이라 생각
하지만, 오히려 남보다 더 어려운 것이 있다. 이해하겠거니, 해주겠거니
하는 상대에 대한 믿음과 배려가 실망과 후회로 변하기도 한다. 밝음과
어두움이 따로 떨어져 있는 것이 아니듯 믿음과 배려의 반대에는 실망과
후회가 있다는 것을 이번 여행에서도 느낀다.

하지만 여행은 그것을 이겨낼 기회를 준다. 처음 연애하는 그때로 돌
아가 새로운 것과 아름다운 것을 함께 보는 시선과 마주 잡은 손에서 느
껴지는 따스한 체온이 인생의 동반자로 서로를 느낀다. 이것이 이번 여
행의 가장 큰 보람이었다.

가족과 함께 자동차로 유럽여행

아우토반을 꿈꾸며

여행을 마치면 또 다른 여행을 준비한다. 새로운 경험은 또 다른 호기심을 낳는다. 가족과 함께 여행을 가고 싶었다. 2013년 1월에 아내와 함께 다녀온 유럽을 아들과 함께하고 싶었다. 하지만 아들과 함께 가는 건 또 다른 고민거리였다. 여행을 하려고 하지 않는 아들을 유혹하는 비책이 필요했다.

첫 번째 비책은 2012년에 여행을 함께한 제자 규동이였다. 아들은 규동이를 잘 따랐다. 가족여행이지만 규동이도 함께 가고 싶어 했다. 참 고마웠다. 숙소도 될 수 있으면 규동이와 아들을 한방에 지내도록 했다.

두 번째는 그냥 여행하는 것이 아니라 렌터카를 이용하는 것이다. '유럽을 렌터카로 여행해보면 어떨까?' 하고 늘 상상만 하다가 가족여행이 가장 좋은 기회라고 생각했다. 특히 말로만 들었던 독일의 고속도로인 아우토반을 달려볼 수 있다는 상상에 부푼 기대를 안고 떠났다.

주요 방문지는 독일의 베를린, 뮌헨, 프랑크푸르트, 쾰른과 벨기에의 브리셀과 네덜란드의 암스테르담이다. 부산에서 출발하여 베를린 인, 암스테르담 아웃의 이번 여정은 오스트리아 항공을 이용하는데 갈 때는 도쿄와 빈Vienna을 거쳐 가고, 올 때는 다시 빈과 북경을 거쳐 부산에 도착하는 2회 경유의 복잡한 노선이다. 물론 이 노선을 선택한 이유도 그 당시 가장 저렴한 항공권이기 때문이었다.

늘 그렇듯 항공권과 숙소를 예약하고 이번엔 특별한 이벤트인 렌터카를 예약했다. 유럽에서 사용할 수 있는 국제면허증도 발급받았다.

반년을 준비해서 떠난 렌터카 가족여행. 자동차 여행이라 특별할 줄 알았는데 오히려 이동만 자동차로 한다 뿐 한국에서의 삶과 비슷한 일상이었다.

베를린과 뮌헨의 기술박물관

독일은 정밀기계, 기계공작, 항공 등이 발전한 나라답게 베를린 기술박물관은 항공과 조선 분야에 매우 많은 부분을 할애하여 전시하고 있다. 특히 이런 기술박물관이 베를린에만 있는 것이 아니라 뮌헨에도 있다.

역사적 의미를 부여하기보다는 태동부터 발전까지의 전 단계를 일목요연하게 전시해둔 것이 인상적이다. 기술의 발전 역시 천재적인 과학자나 혁명가들이 이룩하는 것이 아니라 축적된 과정과 결과의 기록이 지금

의 독일 기술을 낳았지 않았을까 생각해본다.

베를린과는 또 달리 양과 질에서 뮌헨 기술박물관의 전시물들은 어마 어마했다. 배, 비행기, 항공 우주 분야는 물론이고 각종 공작기계, 인쇄술 의 장비들도 모아 두었다. 특히 구텐베르크의 초기 인쇄 장비도 전시되 어 있었는데, 독일의 인쇄산업을 구현한 곳이 하나의 큰 전시실을 이루 고 있었다. 그뿐 아니라 석유 채굴, 바이오, 환경에 이르기까지 많은 분야 의 전시가 이뤄졌고 특이한 점은 과거부터 현재 그리고 미래에 이르기까 지의 일목요연한 정리 정돈이 눈에 띄었다. 미술에서는 느낄 수 없었던 독일의 이미지가 기술박물관에서는 더 잘 느껴졌다.

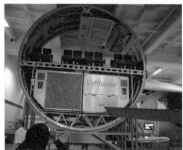

인포메이션에서 여기 말고 두 군데 더 분관이 있다고 알려줬다. 이미
티켓팅을 할 때 통합관람권으로 끊었다는 것도 뒤늦게 알았다. 어디에
있는지 물어보니 주소가 적힌 팸플릿을 주고 지하철 타는 법을 알려주
었다. 차가 있다고 하니 그곳엔 주차할 곳이 없다고 한다. 그렇다고 못 갈
우리가 아니다. 일단 가고 본다.

내비게이션이 최단 거리 경로를 찾아 요리조리 골목을 안내한다. 덕분
에 i40의 큰 차체로 골목 드리프트를 해서 도심이 아닌 한적한 분관을 찾
았다. 찾아간 곳은 자동차, 열차 등 탈 것 위주로 전시되어 있다. 물론 멋
진 자동차에서부터 고전 클래식 자동차와 경주용 차도 전시되어 있다.

특이하게 예전 구닥다리 자전거도 전시되어 있는 이곳에서 자전거 공방을 밀랍으로 재현해놓은 곳을 발견했다. 신중한 표정으로 자전거를 수리하고 있는 수리공의 모습과 자전거 수리점의 내부가 자세히 묘사되어 있었다. 기술을 중요시하고 근본 원리와 동작 과정을 설명하는 무수히 많은 전시물 속에서 독일의 기술이, 독일의 자동차가 괜히 세계시장을 제패하는 것이 아니구나 하는 생각이 들었다.

도로포장 공사를 하는 덤프트럭 사진 앞에 실물 모형의 대형 엔진과 각종 크랭크와 암, 기어가 움직이는 모습을 재현해놓은 것도 인상적이다.

아우토반에서 속도 위반을 하다

독일에선 고속도로를 아우토반Autobahn이라 부른다. 베를린에서 뮌헨까지 거의 500km를 운전해서 아우토반을 달렸다. 말로만 듣던 아우토반. 사실 렌터카로 여행하기로 결정한 이유 중의 하나가 아우토반을 달려보고 싶은 욕심도 있었다.

속도는 무제한에다 통행료마저 없는 환상의 도로. 하지만 실제 달려보니 생각했던 것과 조금 다른 점이 있었다. 아우토반은 중간중간 공사 중이라 매번 속도를 많이 낼 수 없었다. 1차선은 추월차선이라 시속 180km 이상 고속을 내는 차량만 이동하고 주행은 2차로 이하에서 이뤄진다. 속도 제한이 없으면 큰 사고가 날 것 같지만, 추월차선에서 달리다가도 뒤따라오는 차의 속력이 더 빠르면 금방 추월차선을 비켜주기 때문에 소통은 원활했다.

또한 중간중간 속도 제한 표시가 있다. 공사 중이면 80km부터 100, 110, 130km의 속도 제한 표시가 있는데, 그런 표시가 나오면 모든 차량이 속도를 맞춘다. 그러다 속도 제한이 해제되는 표시가 나오면 다시 속도를 낸다.

모든 구간에서 무제한으로 달리는 것이 아니라 무제한 구간은 그럴 만한 이유가 있다. 일단 편도 4차로가 쭉 뻗어 있다. 끝도 없이 펼쳐지는 직선 구간이 오면 제한 속도에 맞춰 얌전히(?) 다니던 자동차들이 속력을 내기 시작한다. 그렇다고 랠리 하는 자동차 경주는 아니다. 모든 차량이 속도를 내면서도 가장 빨리 달리는 차는 추월차로, 나머지는 주행차로, 그리고 화물차량은 가장 바깥쪽 차로를 일정한 속도로 달리기 때문에 질서 있는 질주가 이뤄진다.

이런 기회가 언제 올까 싶어 나도 가속페달을 힘껏 밟아본다. 시속 200km로 질주하고 있는데 뒤에서 포르셰가 쫓아온다. 얼른 주행차로로 옮기니 셩 하고 지나간다. 베를린에서 뉘른베르크를 지나려고 하는데 뭔가 번쩍하고 찍혔다. 알고 보니 무제한 구간이 끝났는데, 그것도 모르고 질주를 했던 것이다. 아우토반에서 과속이라니 어이가 없긴 했지만, 속도를 지켜야 할 구간은 철저하게 관리하는 것이 인상적이었다. 물론 범칙금은 억울하긴 했지만.

고속도로 휴게소도 우리와 사뭇 다르다. 정식 휴게소가 있고 우리의 졸음 쉼터 같은 곳이 있는데, 매우 크고 피크닉을 할 수 있는 덱deck이 마련되어 있었다. 대신 화장실 관리가 잘 안 되어 있었다. 반면 정식 휴게소는 유료인데 내부 시설을 이용하면 할인해주는 바우처를 주는 점이 특이했다.

출발하기 전에 마트에 들러 빵과 샌드위치, 요구르트, 음료수와 과일까지 사 와서 쉼터에서 점심을 먹는 것도 큰 즐거움이었다. 독일 빵은 우

리와는 조금 다르게 생긴 건 먹음직한데 거칠고 딱딱했다. 아마 빵이 주
식이라 달콤한 간식 같은 우리의 빵과 조금 다른 듯했다. 그래도 오래 씹
으면 고소한 맛이 나서 질리지 않고 먹을 수 있었다.

예비 교사의 고민

　　　　　　뮌헨에서 슈투트가르트를 거쳐 프랑크푸르트로
렌터카로 이동했다. 슈투트가르트에 있는 벤츠박물관에서 자동차 구경
을 하고 나서던 길에 옆에 있는 벤츠 아레나 축구경기장을 지나려고 하

는데 경비원이 길을 막고 서 있다. 내비게이션이 가리키는 방향으로 왔다고 했더니 지금은 경기 중이라 다른 길로 가란다. 나중에 확인해보니 슈투트가르트와 레버쿠젠의 경기로 우리나라의 손흥민 선수가 출전한 경기였다. 유럽 4대 축구리그 중 하나인 분데스리가의 열기를 직접 느끼진 못했지만, 옆에서 들리는 함성만으로도 전율하기에는 충분했다.

슈투트가르트에서 뮌헨까지 또 운전해서 간다. 차에는 좌석을 정하지 않았지만, 길을 안내하고 조수로 도와줄 규동이가 옆에 앉고 편한 뒷자리는 아내와 아들이 차지했다. 자동차 여행이란 것이 처음엔 즐겁고 신기하지만, 이내 지루한 일상이 시작되고 운전하지 않는 나머지 사람들은 이내 깊은 잠에 빠진다. 그런데 규동이는 이날 잠이 들지 않고 있었다. 가는 길이 심심하니 이야기를 나눈다.

당시 교육대학교 3학년이던 규동이에게 초등 현장에 대해서 궁금한 것이 있으면 물어보라고 했다. 규동이는 수업을 어떻게 해야 하는지, 학급 경영을 어떻게 해야 하는지, 말을 듣지 않는 아이를 어떻게 대해야 하는지를 물었다.

자세히 알지 못하면 질문의 예리함이 떨어진다. 몸담고 있지 않은 문제는 피상적으로 흐른다. 규동이의 질문에는 해보지 않는 것에 대한 두려움이 있었다. '내가 생각하는 것과 다르면 어떻게 하나?' 대충 이런 것들이었다.

생각한 것과 다르면 당황한다. 해보지 않은 일을 하기 위해 공부한다. 많은 사례를 찾아보고 성공한 방법을 연구한다. 그러나 내 것은 아니다. 머릿속으로 상황을 예측하고 대응 방법을 생각해보고 정리한다. 하지만 여기에 대한 답은 있을 수도, 혹은 없을 수도 있다. 어쩌면 매우 간단할 수도 있다.

그렇다면 똑같은 질문을 나에게 하면 나는 어떤 답을 할 것인가? 내 답은 간단하다. 내가 하고 싶은 대로 할 것이다. 예측과 고민은 닥치지 않았을 때 하는 것이다. 만약 문제 상황에 직면했다면, 상상이나 예단 하지 않고 당면한 문제 그 자체에 집중할 것이다. 내가 알고 있는 경험과 지식을 꺼내고, 필요하면 도움도 받으며 해결할 것이다. 그러다 해결되면 좋지만 그렇지 않으면 그 자체를 받아들일 것이다. 대신 실수하고 실패했다고 주저앉지 않을 용기를 가질 것이다. 가르치는 일은 미성숙한 아이들과 상호작용하는 것이라 예측과 현실은 늘 차이가 난다. 실패는 일상이다. 그러나 실패하더라도 포기하지 않는 것이 가르치는 자가 가져야 할 용기이고 그것이 교사의 자존심이다.

하지만 이건 나의 답이지 규동이의 답은 될 수 없다. 머리로 생각하는 것보다 몸으로 부딪쳐봐야 알 수 있는 것이 대부분이기에 아직 실감 나지 않을 것이다. 배우려는 자세는 매우 좋다. 규동이가 교육대학에서 함께 공부하는 동료들 이야기를 한다. 대부분의 예비 교사는 자신에게 닥친 학점과 학업 그리고 임용고시라는 거대한 벽을 넘기 위해 '어떤 교사가 될 것인가?'에 대한 물음에 답하기도 전에 지쳐간다고 한다.

규동이의 이야기를 들으며 교직을 꿈꾸는 예비 교사들의 삶이 안타까웠다. 교사가 되기 위해 노력하지만, 정작 가장 중요한 것을 놓치고 있는 것 같았다. 교육대학 시절 배워야 하는 것은 가르치는 지식이 전부가 아니다. 무엇보다 무한한 열정을 바탕으로 한 도전정신을 배워야 한다. 교사가 되기 위한 길이 힘들다. 그 길을 걸으면서 허덕이는 젊은 친구들이 마음 쓰인다.

지식이 거추장스럽게 보일 때도 있다. 그러나 어느 정도까지는 쌓아야 한다. 지식의 가치는 쌓는 데 있는 것이 아니라 지혜의 벽을 두드릴 발판까지 가는 데 있다. 지혜를 장착한다고 해서 지식이 무가치하진 않다. 대신 깨달은 지혜를 발현하는 수단으로 사용한다. 지식을 절대시하지 않을 뿐이다. 그 이상도 그 이하도 아니다.

현장 교사인 나의 이야기는 규동이가 지금 겪고 있는 문제에 직접적인 해답을 줄 수 없다. 현장 교사와 예비 교사인 규동이의 삶이 비슷할 것 같으면서도 같지 않다는 것을 느낀다. 그렇다면 어떻게 해야 하는가? 이미 답은 알고 있다. 지금의 삶에 충실해야 한다.

평행선을 돌던 우리의 질문과 답은 각자의 답을 찾았다.

우연히 발견한 재미! 루트비히 미술관

　　　　　　　관람객 한 명이 무언가를 응시하고 있다. 타인의 관람을 방해해서는 안 되는 것이 미술관 관람의 암묵적 약속인 만큼 다 볼 때까지 기다린다. 유럽 어디서나 볼 수 있는 중년의 아주머니가 가방 하나를 들고 멍하니 앞을 바라보고 있다. 어떻게 보면 근심 어린 눈빛이기도 하다.

　타인의 관람을 바라보는 것도 예의는 아닌지라 힐끔힐끔 쳐다본다. '뭘 저렇게 열심히 보고 있는 걸까?' 정작 그 사람 앞에 있는 벽엔 아무 작품이 없다. '뭐지? 뭘 저렇게 보고 있지?' 한참을 기다려도 꿈쩍을 하지 않는 관람객에게 내심 부아가 치민다. 비켜 주지도 않고 벽 한가운데 서서 다른 벽을 쳐다보는 건 무슨 매너란 말인가?

　"여보, 이거 작품인가 봐요?"

　아내가 바닥에 있는 작품 경계선을 발견하곤 외친다. 자세히 보니 밀랍인형이다. 마담 투소Madame Tussauds에서 유명인의 밀랍인형도 봤지만, 이 작품만큼 실감 나는 것도 없었다.

　쾰른 하면 대성당을 생각한다. 유럽 최대 규모의 성당으로 고딕 양식으로 지어졌는데 쾰른 중앙역 바로 인근에 있다. 유네스코 세계 문화유산에 등재된 쾰른 대성당은 현지에서는 그냥 '돔DOM'으로 부른다. 쾰른 대성당 바로 옆에는 로마 게르만 박물관과 루트비히 미술관이 있다. 이름이 알려지지 않는 현대미술관인 루트비히 미술관은 가깝다는 이유만으로 선택했다.

　뉴욕의 현대미술관MOMA, 파리의 퐁피두센터 같은 대규모가 아니고서

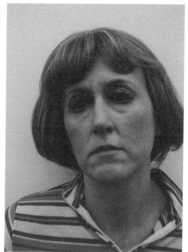

는 현대미술관은 별 기대 없이 간다. 그 이유는 무엇일까? 현대미술이 시
작되면서부터 작가에겐 어머어마한 표현의 자유를 주긴 했지만, 이건 어
디까지나 작가의 이야기지 관객의 이야기는 아니다. 대부분 관객의 눈은
현대 미술가들의 심미안을 따라가지 못한다. 현대미술 이전의 작가들이
관객을 생각하며 작품을 만들 때와는 완전히 달라진 것이다. 표현에서는
비약적인 발전을 했지만, 반대로 작가와 관객 사이의 괴리를 가져온 것
도 사실이다.

　나는 어떤 관점에서 현대미술을 관람하는가? 아름다움을 느끼면 오감
이 그것을 받아들이고 카메라는 적극적으로 반응하며 작가의 작품을 기
억에 남기려 한다. 관점을 정하고 보는 것이 아니라 몸이 느끼는 대로 반
응하며 본다. 카메라로 작품의 사진을 찍는 것. 그것 자체의 기술에 몰입

하는 것이 아니라 내가 원하는 현장의 이미지를 남기고 그것에 이야기를 붙이기 위해 사진을 찍는다. 관객의 처지에서 보자. 작가와 관객의 차이를 인정하면 현대미술은 그다지 어려운 장르가 아니다.

빛의 제국 앞에서 넋을 잃다

　　　　　　　벨기에의 수도 브리셀은 작은 도시였다. 숙소 근처에 있던 왕립미술관을 찾았다. 이 미술관은 입장권을 독특하게 팔았는데, 하나의 건물에 두 개의 미술관을 운영하고 있었다.

그중 하나가 르네 마그리트 미술관이었다. 미술관에는 마그리트의 일대기가 연도별로 전시되어 있었지만, 짧은 언어 탓에 전반적인 내용은

이해하지 못하고 그림에 집중했다. 그림이 특이했다. 그렇지만 낯설거나 어렵지 않았다. 사람의 머리를 새의 머리로 바꾸어 그린 그림은 꼭 초등학교 아이들이 장난삼아 그린 것처럼 보였다. 물론 수준과 기법은 더 뛰어나지만.

사진을 찍지 못하게 해서 아쉽지만, 내 기억 속에 선명하게 이미지를 남긴 작품이 하나 있다. 바로 빛의 제국이다. 집 앞에는 가로등이 켜져 있다. 해는 지고 하늘엔 아직 빛의 잔향이 남았지만 집 앞에는 벌써 어둠이 내렸다. 어둠을 밝히려 먼저 켜둔 가로등은 집 앞에 흐르는 물에 반사되어 비친다.

미술관을 좋아하지 않아 한 시간쯤 지나면 힘들어하는 아들이 르네 마그네트 미술관에서는 그림을 재미있게 잘 본다. 그런 덕분에 빨리 나가자고 보채지 않아 나도 편안하게 느긋한 마음으로 그림을 좀 더 깊이 바라본다.

의자에 앉아 오래 그림을 본다. 난 미술관에서 오래 한 작품을 바라보는 사람이 신기했다. 하지만 이제 그 이유를 알 것 같다. 빛의 제국을 보는 짧은 순간이지만 그림을 그린 마그리트와 생각이 같아졌다. 그가 원하고 남기려고 했던 그림 속의 모습은 특별하게 다가왔다.

'저곳에서 살고 싶다.' 처음엔 아무 생각이 나지 않고 그림에 빠져들다 문득 든 생각이다. 생각이 없다가 다시 생각이 생기니 생각은 생각을 물고 이어진다.

미술관에는 많은 그림이 있다. 모르는 작가의 그림이 거의 대부분이지만, 미술관에 전시될 정도면 상당한 수준 이상의 그림이라 봐야 한다. 그림 보는 것은 의외로 힘이 든다. 작가가 표현한 높은 수준을 이해하기 어

려울 때가 많기 때문이다.

수준 높은 수많은 작품을 보고 나서 기억에 남는 작품이 없을 수도 있다. 비싼 뷔페식당에 가면 진귀한 음식이 가득하다. 전문 식당에 가면 하나하나가 비싼 음식이지만 뷔페식당에선 흔한 음식처럼 보인다. 거기다 접시에 담아 쌓아 놓으면 음식이 섞여 본래의 맛을 즐기기 어렵다. 뷔페는 여러 가지 음식을 즐길 수 있지만 먹고 나면 어떤 음식을 먹었는지 잘 기억하기 어려운 것과 같다.

벨기에 왕립미술관의 수준은 상당하고 수없이 많은 작품이 있지만, 난 르네 마그리트의 빛의 제국만 기억한다. 빛의 제국이 왕립미술관을 대표하는 그림은 아니다. 그러나 나에겐 왕립미술관 하면, 빛의 제국이 먼저 떠오른다. 빛의 제국 앞에서 오랫동안 마그리트와 소리 없는 대화를 한 그 기억이 생생하다.

마약 반출로 의심받다

암스테르담에서 집으로 가기 위한 여정이 시작되었다. 아침 7시 비행편이었기에 전날 렌터카를 반납하고 공항 근처 호텔에서 묵은 후 새벽에 택시를 타고 공항에 도착했다. 빈과 북경을 거쳐 부산으로 가는 긴 여정이었지만, 새벽 일찍 나왔기 때문에 별걱정은 없었다. 특히 새벽엔 공항도 그다지 복잡하지 않기에 별 문제 없을 것이라 생각했다.

탑승권을 받고 수하물을 보낸 후 의례적인 보안 검사를 하다가 뭔가 이상한 상황이 발생했다. 검색대를 통과한 아내의 백팩에 무언가 이상한

물건이 들어 있다고 판단한 공항검색대 직원이 정밀 수색을 시작했다.

아내는 평소 집에서 먹던 건강식품을 하루 치씩 먹을 수 있게 작은 통에 담아왔는데, 처방전이나 약통이 없는 약품은 의심받는다는 걸 몰랐다. 아내의 건강식품이 마약으로 의심받은 것이다. 검색직원은 공항 경찰과 별도의 전문 감식 요원이 올 때까지 갈 수 없다고 했다. 시간이 넉넉하다면 별문제 없는 해프닝으로 끝날 일이지만, 탑승시간이 30분밖에 남지 않았기에 초조했다.

기다리고 있어도 공항 경찰과 감별 요원은 오지 않았고 보딩시간은 지났다. 검색을 마쳐도 탑승 게이트가 가장 끝에 있어 마음이 급한데 꼼짝없이 처분을 기다려야 했다. 결단이 필요했다.

"규동아, 부산까지 재훈이와 함께 먼저 가거라." 다 있으면 모두 비행기를 놓칠 판이라 제자에게 신용카드 한 장을 쥐어 먼저 보냈다.

"괜찮을 거다. 우리가 이번 비행편을 못 타도 다음 편으로 가면 된다."
여행 내내 별 걱정 없었던 아들이 먼저 출발하란 이야기에 울기 시작한
다. 놀란 눈으로 아내와 나를 번갈아 쳐다보더니 울면서 규동이의 손을
잡고 게이트로 간다. 암스테르담에서 빈으로 가는 오스트리아 항공편을
보니 10시 40분 편이 있어 만석이 아니면 추가 요금을 내고 탑승할 수 있
을 것 같았다.

마침내 경찰과 감식 요원이 오자 아내는 감정이 격해져서 항의를 했
다. 우린 대한민국 초등교사이고 범죄사실이 없다고 단호하게 말했다.
귀국하기 위해 두 번이나 경유해야 하기에 탑승을 못하면 된다는 사실도
알렸다. 감식 요원은 아내의 건강식품을 꺼내 이리저리 만져보고, 냄새
를 맡아보더니 검색대 통과를 허락했다.

탑승시간이 15분이나 지났다. 아내와 둘이서 게이트를 향해 뛰었다.
공항 방송에서 우리의 이름을 부르며 빨리 게이트로 오라고 한다. 졸지
에 진상 승객이 되었다. 가까스로 출발 전에 도착했다. 우리가 탑승하자
비행기 출입문은 닫혔다. 가장 먼저 아들과 제자를 찾았다. 다행히 먼저
타고 있었다.

생각해보면 누구의 잘못도 아니다. 이때까지 별 탈 없이 잘 통과했지
만, 네덜란드는 마리화나와 같은 마약이 합법화되어 있는 만큼 판매와
유통 등에서는 엄격하게 통제한다고 하는데 그걸 간과했다. 의심스러운
상황이 엑스레이에 보였고 담당 직원은 매뉴얼대로 진행한 것뿐이다. 출
발 1시간 30분 전에 공항에 도착했고, 별 일 없었으면 탑승엔 지장이 없
었을 것이다. 평소라면 출발 3시간 전에 공항에 도착하는데 그랬다면 이

런 문제가 벌어졌어도 해프닝으로 끝났겠지만 이번엔 자칫 공포가 될 뻔했다. 아들이 많이 놀란 듯했다.

난 자세히 설명해줬다.

"여긴 엄연히 외국이고 그들의 법에 따라야 해. 그래서 외국 여행 나갈 때는 꼭 여행수칙을 살펴보고 수하물도 거기에 맞게 해야 해. 누구의 잘못도 아니야. 단지 운이 없었을 뿐이야. 만약 비행편을 놓친다고 해도 아빠는 꼭 한국에 돌아갈 수 있어. 걱정하지 마. 대신 오늘의 기억은 꼭 잊지 않도록 해."

급하게 비행기에 타니 스튜어디스가 진정하라고 하고 물을 한 잔씩 가져다준다.

아찔했던 귀국의 첫 관문을 지나고 긴 여정 끝에 한국에 도착했다.

나에게 여행은 무엇일까? 중독을 넘어 생활이 된 듯하지만, 여행을 좋아하느냐고 물으면 곧바로 대답할 수 없다. 여행은 좋으면서도 힘들다.

가족과 함께, 제자와 함께 떠난 렌터카 여행은 좋은 점과 힘든 점이 있었다. 모든 일정과 운전 그리고 가이드까지 겸비해야 하는 이번 여정은 정작 내가 많이 보고 싶은 미술관은 반으로 줄여야 했다.

가족과 함께하는 여행은 그 목적에 맞게 움직여야 한다. 세상살이가 자기 마음대로 되는 것이 없듯이 여행 역시도 인생의 축소판을 압축적으로 경험할 수 있게 해준다. 기대, 즐거움, 고생스러움, 나른함. 그리고 위기와 극복. 알 수 없는 인생이다. 여행도 마찬가지다. 여행에서 미처 생각지 못한 일들을 겪다 보면 늘 겪고 있는 일상의 익숙함을 깰 기회가 된다. 그래서 여행이 좋다.

동유럽 아트투어

아픈 몸을 이끌고

여행은 나에게 자신에게 충실해지기를 강요하고 구속하며 몰아간다. 힘들고 고통스러울 때도 있지만, 내가 선택한 구속이기에 수용한다.

몸이 예전 같지 않다. 겉으로는 멀쩡해 보이지만, 신체적인 밸런스가 무너졌다. 2006년에 교통사고가 나서 6주간 병원에 누워 있을 때 순발력과 근력이 사라지는 것을 느꼈다. 중견 교사로 살아가는 것은 또 다른 어려움이 있다. 모르는 것을 배워가는 것이 아니라 능력을 펼치고 도움을 줘야 하는 일이 더 많아진다. 모자라고 부족한 것은 체력으로 버텼는데 그것이 어렵게 되었다.

선택의 기로에 놓인다. 부담은 늘 존재하고 어깨를 짓누르며 머리를 아프게 한다. 그러나 피해갈 수 없는 것을 받아들여야 한다. 누구나 알고 있지만 닥치기 전까지는 부정하거나 회피하려 한다. 약해진 육체는 더욱 더 자신을 초라하게 만든다. 아이들 앞에 당당히 설 수 있었던 건 남들보다 더 나은 체력 덕분이었는데 그것이 점차 사라지니 아쉬움을 넘어 두려움을 느꼈다.

출발하기 며칠 전부터 어지럼증이 있었다. 여행을 떠나기 이틀 전엔 서 있기 어려울 정도로 심해서 병원을 찾았다. 귀의 전정기관에 약간의 문제가 있는 말초성 현기증이란 병명을 얻었다. 높은 혈압은 덤으로 받아 약봉지를 잔뜩 받았다. 그래도 여행하는 동안 무리하지 않는다면 다녀올 수 있다는 의사 선생님의 격려를 들으며 조심스레 여행을 떠났다.

혼자 떠나는 여행이라 두렵기는 했지만, 일정을 최대한 간소화하고 욕심을 버렸다. 미술관 관람을 중심으로 일정을 짜되 하루에 미술관 한 곳만 가고 나머지는 유유자적하게 지내기로 했다. 일부러 여유 부리는 것이 아니라 몸이 안 따라줘서 부리는 여유다.

체코의 프라하, 오스트리아의 빈, 헝가리의 부다페스트, 폴란드의 크라쿠프와 바르샤바, 총 4개국 5개 도시를 찾는 여정이다. 이번 여행에서는 나에게로 떠나는 여행도 같이한다. 약 기운으로 어지럼증을 누르고 가려는 이유는 무엇인지 내게 물어봐야 한다. 왜 가려고 하는가?

그동안의 여행만 해도 그리 만만한 일이 아니었다. 각 여행을 통해 뭔가 나 자신이 달라진다는 느낌이 강하게 든다. '머리로 생각하는 것보다 행동으로 먼저 옮겨라.' '이론보다는 태도가 우선이다.' '아름다움을 찾아 떠나라.' 그리고 무엇보다 여행을 통해 '나 자신에게 충실해지기'에 집중해야 한다는 걸 알았다.

예전보다 약해진 육체와 홀로 떠나는 미지의 모험과 같은 여행은 나에게 충실해져야 하는 필요하고 충분한 조건을 다 갖춘 셈이다.

그림에서 표정을 집착하는 이유

프라하는 특이하게 국립미술관이 8개의 분관 형태로 운영된다. 대규모 미술관을 건축하여 작품을 모으기보다 기존의 궁전과 수도원, 성을 미술관으로 개조해 쓴다고 한다. 14~18세기 미술작품을 전시한 슈테른베르크 궁전도 프라하 국립미술관 중 하나다.

　난 기본적으로 밝은 느낌이 나는 작품이 좋다. 그리고 인물의 표정이 살아 있는 작품도 좋아한다. 위 작품의 작가가 누구인지 기억나지 않지만, 아주 못생긴 여인이 결혼식을 하는 장면 같다. 무엇이 그리 슬픈지 여인은 눈물, 콧물 범벅이 되어 울고 있고 아비로 보이는 노인이 위로해준다. 오른쪽엔 신랑인지 남동생인지 모를 남자가 어찌할 줄 모르고 서 있다. 내 상상이 맞는지는 중요하지 않다. 아니면 어떤가?

　성화(聖畫)가 즐비한 미술관에 이런 그림이 걸려 있다는 것이 드라마틱하다는 걸 느낀다. 표정 하나만큼은 대단히 놀랍도록 묘사되어 있다. 난 그림을 보면 표정에 집착한다. 그림에 희로애락(喜怒哀樂)이 나와 있어야 발걸음을 멈추고 그림을 본다. 옛날이든 지금이든 사람이 살아가는 방법과 과정은 그리 다르지 않다. 희로애락이 별것인가? 삶을 진솔하게 살아가다 보면 자연스럽게 나오는 것이 아닌가? 대신 어제보다 더 나으려고, 사람답게 살기 위해 애쓸 뿐이다. 기쁨과 즐거움을 추구하지만 화남과 슬픔이 어찌 인생에 없을 수가 있겠는가?

회로애락은 순수를 표현한 것이다. 순수란 진실함에 가까운 것이다. 화가는 그림으로 순수함과 진실함을 가장 극적으로 표현하고 관객은 그걸 본다.

별것 아닌 것처럼 보이는 것을 별것 아닌 것처럼 표현하고, 별것 아닌 것처럼 대중 앞에 내놓는 것은 또 다른 형태의 용기다. 남이 하면 용기라고 생각하지만, 자신이 그렇게 해보라고 하면 선뜻 용기를 내지 못한다. 왜일까? 남에게 보이는 혹은 보여주기 위한 것이라면 뭔가 뜻깊고 의미 있으며 잘 포장해야 한다고 생각한다. 이것을 기준이라 여긴다.

나는 어떤가? 역시 자유로울 수는 없지만, 많은 부분 드러내놓고 산다. 자신만만해서가 아니라 포장해봤자 포장이 안 되는 부분이 많고, 쓸 수 있는 포장지가 점점 부족하다는 것을 알기 때문이다. 포장이 안 되는 부

분을 맨살로 내어놓아도 부끄럽지 않은가? 물론 부끄럽다. 그러나 어쩌겠는가? 포장지는 모자라고 포장이 안 된 부분이 있어도 내놓아야 할 때가 더 많다. 대신 포장 못 했다고 이야기하면 된다. 그러고 나면 포장지가 모자라 허덕거렸던 나 자신을 발견하게 된다.

수업은 그런 순간의 연속이었다. 매시간 새로운 것으로 아이들을 대하기 어려웠음을 고백한다. 준비가 부족한 상태에서 아이들을 대해야 했고, 가르쳐야 할 것은 넘쳐나는데 시간이 모자라 허덕였다. 그럼에도 아이들 앞에서 당당한 척하기 위해 모르는 것, 할 수 없는 것, 부족한 것을 들키고 싶지 않았다.

잘하는 척하는 허세였다. 허세임을 감추기 위해 난 더 근엄하고 당당한 척하는 표정과 몸짓을 한다. 교사가 근엄한 표정을 짓고 있으면 아이들도 그에 맞춰 표정 짓는다. 아이가 변하지 않는다고 생각하지만 의외로 교사는 더 변하기 어렵다. 아이는 표정을 감추는 능력이 부족하지만, 교사는 아이보다 훨씬 더 표정을 잘 감춘다. 오히려 불안한 감정을 근엄한 표정으로 감추면 아이가 속는다고 생각한다. 적어도 교실 안에서는 대놓고 교사의 표정을 지적할 아이가 없으니 안심한다. 그러나 한두 번은 가능해도 영원히 속일 수는 없다. 그 순간이 언제 오는지는 모르지만, 분명한 건 포장지의 한계는 꼭 온다. 해도 해도 안 되는 건 날것으로 내어놓아야 한다. 시간이 지나면 드러낸 날것은 벼리고 가려지며 깎여져서 어지간한 기본 포장은 된다. 그것을 우리는 경험이라 부르고 경력이라 부르기도 한다.

실수와 실패 없이 한 번에 포장된 멋진 것이 나오지 않는다. 실수와 실패가 있어야 한다는 사실은 알지만, 얼마나 해야 하는지는 모른다. 아예 모를 땐 시도조차 안 하니 얼마나 어려운지 모른다. 한두 번 성공하다 실패하면 작은 실수에도 몸과 마음이 얼어버린다. 여행은 필연적으로 실수와 실패를 동반한다. 교실에서 겪을 실수와 실패를 생각하면 막연한 두려움으로 필요 이상으로 움츠러든다. 여행을 통해 자연스럽게 실수와 실패 연습할 준비를 해보는 것은 어떨까?

물론 여행에서 경험하는 실수와 실패는 교실 상황에서의 그것과는 다르다. 그러나 할 수 있는 것과 없는 것을 구분하고 할 수 있는 것 중에 잘하는 것을 찾고, 할 수 없는 것을 인정하고 포기하는 능력과 그것을 바탕으로 자신의 안목을 키우는 능력은 교실에서 수업하는 자에게 꼭 필요한 자질이다. 그래야 똑같이 고민하는 아이들에게 교사의 경험이 유용해지기 때문이다.

빈 호스텔에서 쓰러지다

어지럼증은 사람을 무력하게 만든다. 일단 핑 도는 느낌이 오면 서 있을 수가 없다. 누워서 어지럼이 가라앉기를 기다리는 것이 가장 좋은데 여행 중에는 이것이 불가능하다. 더욱더 힘든 건 언제 어지럼이 올지 모른다는 것이다. 기미가 보이면 대처라도 할 텐데 길을 걷다가, 자리에서 앉았다 일어날 때 생긴다. 그것도 매번 생기는 것이 아니라 불규칙하게 생기니 참 어렵다.

여행 중에 어지럼증이 생길 때마다 주변 사람들에게 도움을 받았다. 여행 중 만난 일행이 있으면 알렸고, 어지럼증이 생기면 체면 불고하고 도움을 청했다. 여행자의 마음은 더 잘 통한다. 그럴 때마다 남에 일이라 여기지 않고 도와줬다. 손을 잡아주거나 어깨를 빌려주었고, 벤치에 누울 수 있게 해주고 앉을 수 있는 의자를 찾아주기도 했다. 몸은 무기력했지만, 마음으로 전해오는 따스함은 감사했다.

빈의 호스텔에서 체크인을 하고 객실을 찾아 문을 열려고 하는데 갑자기 머리가 어지럽고 서 있을 수가 없었다. 손잡이를 잡고 주저앉아 어지럼증이 멈추기를 기다린다. 금세 이마에 땀이 난다. 한 번 더 문 열기를 시도하다가 이번엔 너무 어지러워 바닥에 벌렁 드러누웠다. 이마엔 땀이 비 오듯 흐르고, 온몸은 젖어가기 시작했다. 복도 중간에 CCTV가 있는 것이 보여 누운 상태로 손을 흔들었다. 체크인을 막 시작해서 그런지 숙소에는 오가는 사람도 없었다. 한참을 흔들다 포기하고 어지럼이 멈추기를 기다리며 복도에 그대로 누워 있었다. 땀은 점점 흐르지만, 눈을 감고 진정되기를 기다린다.

한 30분이 지나니 정신이 약간 들었다. 방에 들어가야 한다. 다시 한번 문 열기를 시도하니 카드를 먹은 문은 빨간색에서 푸른색으로 변하며 열렸다. 체크인을 할 때 스태프의 설명 중에 '기다리라'는 말이 있었는데, 카드를 넣고 빼면서 푸른색으로 변할 때까지 기다리란 뜻이었던 것이다. 마개 중에서 눌러 돌려야 열리는 것이 있다. 주로 아이가 무심코 열지 못하게 만든 마개인데 위급한 순간에 약을 먹어야 하는 환자 중에서 마개를 열지 못해 죽은 경우도 있다. 아무리 돌려도 열리지 않고 제자리만 돌아가는 약병의 이야기를 듣고 남의 이야기라 생각했는데 현실에 닥쳐보니 실감이 났다.

푸른빛이 돌 때 손잡이를 힘껏 젖혀 열었다. 이 호스텔은 자기 침대의 시트를 직접 갈아야 했다. 캐리어와 배낭을 겨우 방으로 옮기고 침대를

확인하니 1층이 아닌 2층이다. 침구 시트를 겨우 들고 위로 올라가 시트를 갈기도 전에 자리에 누워 정신없이 잤다.

3시간이 흘렀는데 아무도 방에 들어오지 않는다. 땀으로 흠뻑 젖은 옷을 벗고 샤워를 하고 나니 정신이 돌아왔다. 숙소 체크인 전에 다녀왔던 레오폴드 미술관의 재입장 시간은 이미 넘겨버렸다.

원인을 알면 조심한다. 그렇다고 해서 위험한 상황까지 피할 수는 없다. 위험한 상황을 피하는 가장 좋은 방법은 아무것도 하지 않는 것이다. 아무것도 하지 않을 수 없기에 어쩌면 위험한 상황은 늘 존재하는지도 모른다. 모르고 온 것이 아니기에 어지럼증이 왔다고 조기에 귀국할 수는 없었다. 고통을 얼마나 견딜 수 있는지 평소에는 알 수 없다. 고통은 고통스러운 상황이 와야 견딜 수 있는 한계가 어디까지인지 알 수 있다.

위험이 없으면 고통도 없다. 그럼 위험을 없애버리면 된다. 위험을 없애는 가장 간단한 방법은 아무것도 하지 않는 것이다. 살아간다는 건 결정하고 선택하고 움직이는 것의 연속이다. 고통은 지속되더라도 시작된 여행은 마쳐야 한다. 먹고, 움직이고, 자는 기본적인 활동 자체가 도전이 되어버린 상황은 당혹스럽지만, 여행의 또 다른 이면이라 생각하고 움직인다. 어쩌겠는가? 선택은 내가 했으니 마무리도 내가 지어야 할 밖에.

클림트와 에곤 실레

구스타프 클림트와 에곤 실레는 오스트리아를 대표하는 화가이면서 스승과 제자의 관계다. 레오폴드 미술관을 들어가는

데 입구에 실레의 작품인 '앉아 있는 남성 누드'가 미술관 벽면을 가득 채운 걸개그림으로 있었다.

성에 대한 적나라한 표현과 거칠면서도 직선적인 선, 그리고 격정적으로 표현되는 실레의 채색은 다른 화가들과는 다른 느낌으로 다가왔다. 원초적인 사랑(에로스)과 본능적 죽음(타나토스)이 잘 표현되어 있다고 하는데, 어두운 계열이지만 어둡게만 느껴지지 않아 좋았다.

본능을 감추고 위선으로 밝게 보이는 것보다는 훨씬 선명하고 빛난다는 느낌이다. 하지만 그의 그림은 당대에는 선정성으로 큰 곤욕과 오해를 치렀고 실레는 많은 상처를 받았다. 29살의 젊은 나이에 요절한 것도 그의 천재성에 비춰보면 아쉬움으로 남는다.

난 아름답거나 유쾌한 그림을 좋아한다. 이런 그림은 밝은 느낌의 그림이다. 한편 삶과 사회의 어두운 면을 그리거나 보고 싶지 않은 부분을

그린 것도 있다. 이것은 어두운 느낌의 그림이다. 처음엔 어두운 그림이 싫었다. 익숙하지 않았다. 익숙하지 않은 이유를 생각해보니 직설적이기 때문이다.

특히 실레의 직설적인 성적 표현은 익숙하지 않았다. 익숙하지 않다는 건 경험해보지 않은 것도 있지만, '나쁘다'고 먼저 의미를 부여해서 그럴지도 모른다. 의미를 부여하지 않고 표현된 그 자체를 있는 그대로 보려고 하니 확연하게 에곤 실레가 다가왔다. 그는 확실히 어두운 그림을 그린다. 그렇다고 해서 염세적이진 않다. 오히려 어두운 그림의 장점인 세밀함이 더 잘 나타난다.

그림을 많이 보면서 성적인 표현에 대해 벽이 허물어지는 것 같은 느낌이 든다. 성(性)을 부정적으로 보고 왜곡할 때 우리는 많은 논리의 모순과 행동의 오류 그리고 사고의 제약을 받는다. 이런 점에서 예술가들은 성을 하나의 도전 혹은 깨야 할 관습, 극복해야 할 과제라 생각했을 것이다.

르네상스 예술품들이 고대 그리스 로마의 문화를 계승한다. 그러나 한 꺼풀만 벗기고 대상물을 직시해보면 새로운 느낌이 든다. 신화와 신을 표현하면서 궁극적으로는 인간의 신체를 차용했다. 신화와 신이라는 포장을 붙여서 실제는 인체를 연구하고 뼈와 근육의 움직임에 몰두했다. 그렇다면 성도 그

범주 안에서 봐야 하지 않을까?

　레오폴드 미술관의 주인공이 에곤 실레라면 벨베데레 궁전은 구스타프 클림트가 장악하고 있다. 클림트의 키스와 유디트를 볼 수 있다. 클림트의 그림은 몽환적이지만 확실한 아름다움을 가지고 있다. 시대가 흐르고 사조도 바뀌고 예술가들이 추구하는 방향도 다르더라도 관객들은 예쁜 것을 찾는다는 간단한 진리를 클림트는 놓치지 않은 것 같다.

　영화를 오래 보다 보니 이런 비유는 아카데미 시상식과 칸 영화제와 비유하고 싶다. 아카데미는 영화제가 아니다. 일 년간 전 세계의 영화 중 가장 좋은 작품에 시상한다고 하지만 엄밀히 말해 미국 영화 일색이다. 인정하기 싫지만, 극장 스크린에 가장 많이 걸리는 것은 바로 미국 영화다. 우리나라와 인도만이 할리우드 영화의 공습으로부터 자국 영화를

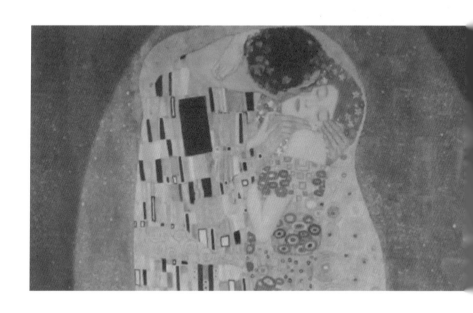

50% 이상 방어하고 있다.

거기에 맞선 칸은 전 세계 영화인들이 선망하는 영화제다. 황금종려상 이나 심사위원 대상이 아니어도 경쟁 부분에 선정이라도 되면 그것 자체 가 뉴스가 될 정도다. 그러나 칸이 점점 전문가들만의 잔치로 변해간다 는 생각을 거둘 수 없다. 이건 시스템의 문제가 아니라 대중의 시선에 대 한 문제다.

대형 제작사가 스크린을 독점한 한국의 현실에서 무조건 밀어붙이면 흥행이 된다고 생각하지만, 초반 일주일을 제외하고는 관객들의 호응이 없으면 독점을 유지하기 어렵다. 아무리 막 걸어준다고 해도 관객점유율

이 떨어지면 일주일 후에는 내린다. 이건 우리나라뿐 만 아니라 할리우드 블록버스터 영화도 마찬가지다.

관건은 관객들이 즐거워하고 느낄 수 있도록 시선을 맞추느냐에 있다. 관객은 재미있으면서도 의미가 있기 를 바란다. 너무 어렵지도 유치하지도 않으면서 관객 의 눈높이를 맞춘다는 건 매우 어려운 일이다.

클림트의 그림은 아름답다. 아름다움을 추구하려 하 고 아름다움을 표현했다. 과거에도 예뻤고 지금 봐도 예쁘다. 아름답고 예쁜 것을 찾는 것은 과거의 관객도, 지금의 관객도 마찬가지다. 클림트는 그것에 가장 충 실했다.

클림트가 스승이고 에곤 실레가 제자다. 스승은 제 자에게 전수하고 제자는 스승의 영향을 받는 것이 일 반적이다. 그러나 클림트와 에곤 실레의 관계는 좀 특

이하다. 특히 죽음과 에로티시즘을 나타낸 작품의 결이 달랐다. 클림트가 보다 밝음을 추구한다면 에곤 실레는 보다 어둡고 고통스럽다. 이처럼 표현 방식이 다른데도 매혹적이라는 공통점이 있다.

이제 그림을 많이 보는 나는 에곤 실레의 그림도 좋다. 오히려 클림트의 몽환보다 에곤 실레의 날카로움이 더 담백하게까지 느껴진다. 하지만 클림트가 아니었으면 에곤 실레도 만나지 못했을 것이다. 대중영화가 없다면 예술영화를 보지도 않았을 나의 경험이 여기서도 그대로 적용된다.

교실의 아이들은 제각기 조금씩 다르다. 교사도 가르치는 방식과 태도가 조금씩 다르다. 학교마다 같은 것을 가르치지만, 문화가 조금씩 다르다. 전체적으로 비슷한데도 각론에선 차이가 난다. 하나의 것으로 통일한다는 것 자체가 다양성을 해치는 것이지만, 알면서도 새로운 것을 받아들이기 어렵기에 익숙함을 추구하고자 비슷하게 만들려고 한다.

일관성은 필요하다. 일관성이 있어야 안정감이 생기고 불확실한 것이 분리된다. 그렇지만 일관성은 지속적으로 보완되어야 한다. 아이는 성장하면서 변한다. 일관성 있게 긍정적으로 변하는 것이 아니라 긍정과 부정이 순간순간 바뀌며 다채롭게 변한다. 긍정적인 것은 더 긍정적이게, 부정적인 것은 나락으로 빠지지 않게 조력하는 것이 교사의 역할이다.

보완은 같은 익숙한 방식으로 할 때도 있지만, 전혀 다른 방식을 접목할 때 더 효과적이다. 모범적인 학창시절을 보낸 교사가 불성실한 태도를 보이는 아이를 이해하기란 쉽지 않다. 시선의 기준이 다르기 때문이다. 클림트와 에곤 실레는 아름다움에 대한 시선이 전혀 다를 수 있다는 것과 다른 시선으로 표현한 작품은 다른 결을 가지더라도 매혹적일 수 있다는 것을 보여줬다. 다름은 틀림이 아님을 보여준 것이다.

바르샤바에서 깨달은 안목의 의미

바르샤바의 숙소 근처에 있는 공원 안쪽에 바르샤바 현대미술관이 있다. 여러 명이 쓰는 도미토리라 답답하면 공원에 가서 산책을 하거나 바르샤바 현대미술관 주변을 거닐었다. 귀국하기 하루 전날 커피 한 잔을 들고서 공원에서 은은한 향기를 즐긴다. 공원이 이렇게 좋은지 예전에는 미처 알지 못했다.

바르샤바 현대미술관은 밖에서도 다 보이도록 디스플레이한 것부터가 현대미술을 대중과 함께 소통시키고자 하는 의도를 보여주는 것 같아 참 좋았다.

현대미술관에 갈 때는 그다지 큰 기대는 안 하는 것이 좋다. 그냥 좋은 작품이나 눈에 뜨이는 것 위주로 보는 것이 나만의 감상법이다. 많이 보다 보면 좋은 것도 나온다.

바르샤바 현대미술관에도 큰 기대를 하지 않았는데 의외로 괜찮은 작품이 많았다. 성을 소재로 한 작품이 대부분인데 글이나 말로는 표현하기 힘들지만 받아들이는 데 왜곡이 없이 한 번에 쏙 들어오는 느낌이었다. 소재, 표현, 색상, 분위기 등 여러 가지 느낌이 섞여 조화가 이뤄져야 무리 없이 받아들일 수 있다. 2층으로 구성된 전시물들은 공간을 많이 차지하고 있었고 영상전시물들은 거의 다 패스했다.

다 보고 나온 뒤 나는 다시 공원 벤치로 향한다. 그리고 오랜만에 상념에 잠긴다. 머리를 쓱 치고 지나가는 단어가 이번에 뇌리에 꽉 박히는 느낌이 든다. 바로 '예술적 안목' 에 대해서다. 예술적 안목은 알고 보는 것이 아니라 보면서 알아가는 것이라고 생각한다.

난 영화로부터 예술적인 경험을 시작했다. 다양한 장르의 영화로 시작한 내 경험은 우연으로 시작되었지만 일관성 있게 오래 하다 보니 편견이 사라지고 경계가 허물어졌다.

난 지극히 주관적이면서도 객관적인 거리를 유지하며 영화를 봤다. 영화로부터 시작된 예술적 안목은 회화로 전이되고 사진으로 발현되었다. 그것은 다시 내가 살고 있는 주변의 작고 소박한 것에서부터 아름다움이 시작한다는 것을 알게 되었고 그 경험을 아이들에게 수업으로 일깨워주고 있다. 그리고 나는 다시 다른 아름다움을 찾아 여행이라고 하는 힘든 경로를 통해 그 안목을 넓히는 중이다.

그렇다면 그림을 주로 보러 다니는 나의 예술적 안목은 무엇으로부터 확인하는가? 그것은 바로 내 사진기에 찍혀 있는 미술관들의 그림이 말해준다. 어느 순간부터인가 내가 관심을 기울이는 작품의 종류는 비교적 일정한 수준을 유지한다. 유명한 작가의 명작으로부터, 어느 이름 없는 작가의 작품까지 비교적 밝고 건강한 느낌의 작품에 관심을 기울인다. 스토리, 표정, 동세, 색상, 구도, 표현 방법 등을 자세히 알고 보지는 않지만, 찍혀 있는 작품들의 느낌은 아름다움을 기반으로 한 평범한 시선에 근거를 두고 있다.

나는 예전부터 '아는 만큼 보인다'는 말에 의문을 가졌다. 아는 만큼 보인다면 모르면 아예 보이지도 않는다는 말과 같다고 생각했기 때문이다. 아니다. 아는 만큼 보인다는 것은 맞는 말이다. 그러나 예술을 지식으로 접근하고 인문학적 소양 정도로 생각하여 쌓아야 한다는 것에 대해서는 반대다.

예술은 삶 그 자체이고 인간의 행동 양식에 영향을 주는 결정적인 요인이다. 인생을 행복하게 살기 위해 필연적으로 행해야 하는 것인데, 예술적인 소양이 뛰어난 예술가들이 펼쳐놓은 것을 편견 없이 바라볼 수 있기만 해도 '예술적 안목'은 완성된다고 생각한다.

그렇다면 예술적 안목을 높이기 위해서는 뭘 해야 하는가?

좋은 것을 본다.
많이 본다.
자주 본다.
보고 싶을 때 본다.

이 4가지를 어떻게 조합하느냐에 따라 예술적 안목은 달라진다.

첫째, 좋은 것을 봐야 한다. 예술적인 아름다움은 현실의 느낌을 표현하거나 꿈꾸고 있던 이상을 표현하거나 느낌이 통해야 한다. 누구나 보편적으로 느끼는 그런 작품을 우린 명작이라고 하고 그런 그림을 그린 화가를 대가라 부른다. 명작은 설명이 필요 없다. 그 자체가 아름다움의 결정체이다. 그렇다고 명작만 계속 보면 소양이 늘어나는가? 아니다. 비싼 소고기를 좋아한다고 매일 삼시 세끼마다 먹는다면 얼마 못가 질린다. 한 번씩 먹어야 제 맛을 느낄 수 있다.

둘째, 많이 봐야 한다. 많은 것을 본다는 건 가리지 말고 봐야 한다는 뜻이다. 좋은 작품과 그렇고 그런 작품은 한 공간에 전시되어 있다. 내가 좋아하는 작품은 타인에겐 별로일 수 있고, 그 반대도 즐비하다. 언제 어디서 좋은 작품을 만날지 모른다. 찾아보는 작품보다 우연히 마주치는 작품에 좀 더 많은 눈길이 간다. 그런 우연을 만나기 위해서라도 많이 봐야 한다.

셋째, 자주 봐야 한다. 어제 포식했다고 오늘도 포식하지 않는다. 적당한 양을 꾸준히 먹는 것이 좋은 것처럼 예술적 안목도 자주 일깨워줘야 한다. 그렇다면 자주 보게 되는 원동력은 무엇일까? 그건 아름다움을 갈구하는 간절함이다. 간절함이 있으면 자주 보게 된다. 그러다 보면 보는 눈이 생긴다. 자주 보기 위해서는 군더더기는 배제해야 한다. 미술관에 있는 모든 작품을 다 이해하려고 하다 보면 지쳐 보지 못한다. 그러면 미술관에 자주 갈 수 없다. 그냥 산책 삼아 가는 것이다. 무심히 가는 것이다. 때로는 '작품 네가 날 감동시켜보라'는 뻔뻔한 마음을 가지고 당당

하게 고개 들고 봐야 한다. 주눅 들어서는 자주 보지 못한다. 자주 보다 보면 어느 순간 많이 보게 되는 자신을 발견하게 된다. 그것에 대한 기록을 남기고 생각을 정리하고 사진을 찍다 보면 알게 된다. 많이 보려면 자주 봐야 한다. 자주 보려면 간절해져야 한다. 간절해지기 위해서는 좋은 것만 보는 것이 아니라 허접하게 보이는 작품도 같이 봐야 구별이 된다.

넷째, 보고 싶을 때 봐야 한다. 미술관에는 관람객들을 통제하고 안내하는 사람들이 있다. 유명 미술관은 정장을 고수한다. 가끔 그림 앞에서 졸고 있거나 시간을 보내고 있는 안내원들을 본다. 제아무리 명작 앞이라도 그는 일을 하는 중이다. 그에게 그림이란 그저 잘 관리해야 할 물건일 뿐이다. 간절함이 극에 달할 때 봐야 한다. 예술적 간절함은 평소 생활을 충실히 해야 생길 수 있다. 치열한 작품의 세계를 볼 수 있다는 건 자신의 삶도 충실하다는 뜻이다. 자신의 삶이 충실한 것이 타인에 대한 여유로 나타나고 그것은 작품을 대할 때도 마찬가지다. 작품을 만나기 위해 오래 준비하는 것이 아니라 일상을 충실히 하다 보면 예술적 간절함이 충전되어 보고 싶은 감정이 차오른다.

이것이 내가 생각하는 예술의 안목이다. 예술 작품을 해석하고 분석하며 지식을 쌓는 것이 아니라 내 주위에 작품과 비슷한 느낌을 주는 자연의 어느 한 장면을 보고 아름다움을 느낄 수 있을 때 예술적 안목이 늘어난다. 예술적 안목은 다른 분야의 안목으로도 전이가 잘 된다. 예술교육이 중요한 이유가 여기에 있다.

예술적 안목의 깊이와 넓이에 대해서도 한 번 더 생각해봤다. 일반화할 수는 없지만, 대체로 기존의 공적인 교육이나 연수 혹은 사사를 통하는 것은 깊이를 늘이는 데 도움을 준다. 그러나 넓이를 넓히는 것은 또 다른 과제다. 안목을 넓히려면 좀 더 다양한 경험이 계속 이뤄져야 하는데, 이것은 교육과는 다른 잠재적이면서 개인적인 성찰의 활동이다.

　깊이를 깊게 하는 것과 넓이를 넓게 하는 것 모두가 중요하고 필요한 일이다. 그럼 나는 어느 것을 더 중요하게 생각할까? 바로 넓이를 넓히는 것이다. 안목의 깊이는 앞으로 계속 추구해야 할 가치와 지향점이다. 그러나 넓이의 문제는 나의 사유를 공유하는 문제다. 내가 느낀 깊이를 좀 더 넓게 펴기 위해서는 스스로 좀 더 자유스러워져야 한다. 자유스럽다

는 건 아는 것은 아는 대로, 모르는 것은 모르는 대로 나 자신을 세상 앞에 던져 놓는 일이다. 물 흐르듯이 자연스럽게 흘러갈 수 있을 때 비로소 예술적 안목도 늘어난다.

짧으면서도 오랫동안 생각해왔던 파편들이 하나의 성찰로 다가옴을 느낀다. 이건 완성이 아니다. 언젠가 또 다른 기회가 오면 이것은 다른 느낌, 다른 해석으로 바뀔 것이다. 하나의 성찰은 종결이 아니라 또 다른 성찰의 기반이다. 이것을 알기에 성찰 앞에 겸손해진다. 여행이 계속되는 이유도 여기 있다. 삶이 여행이 되는 이유도 여기에 있다.

2장

낯선
곳에서
나와
마주하기

여행은 떠나는 순간부터 혼자다. 여럿이 함께 떠나도 길을 걷고, 차를 마시고, 그림을 보는 순간은 혼자다.

일상은 관계의 연속이다. 관계 안에서 희로애락을 느끼며 산다. 여행은 익숙한 관계를 잠시 단절하는 행위다. 엄마 아빠가 보이지 않으면 불안해지는 아이처럼 익숙한 것이 사라지면 불안해진다. 여행이라는 과정과 이국적인 공간과 상황은 어른에서 아이로 변하게 한다.

길을 찾고, 식사를 해결하며, 버스와 기차를 타는 지극히 단순하고 일상적인 활동이 여행이 되면 낯설어지고 두려워진다. 바로 이때 관계의 일상에서 잊고 지낸 자신을 발견하게 된다.

내가 초등학교 교사인 것도 아무 소용없고, 내가 어른인 것도 상관없다. 호기심과 신기함, 어색함과 두려움이 공존하는 여행의 발걸음은 존재 자체의 나와 소통하는 시간이다.

일상의 익숙함에서 벗어나 자신에게 집중하는 시간을 가지는 것이 여행이다. 호기심이 생기면서도 두려움에 떠는 것이 여행이다. 호기심이 두려움을 이기고 한걸음 내디디고 새로운 인연을 이어가는 것이 용기다. 여행에서 용기는 대단한 것이 아니다. 먼저 다가가고 물어보며 부딪치는 것, 그 자체가 용기 있는 행위다. 이제까지 알고 있던 나와 또 다른 나를 만나는 것은 여행의 묘미이고 짜릿함이다.

어른에서 아이로

여행을 떠나면 일상의 익숙하던 것에서 벗어나 익숙하지 않은 상황에 내몰린다. 외국으로 여행을 떠나면 한국에서 익숙하게 누리던 교사란 지위는 없어지고 강제로 학생의 상황으로 몰린다. 모든 것이 낯설고 모르는 것투성이니 여행 중 내 모습은 두리번거리는 학생과 같다. 누리던 것은 당연하다고 생각하니 몸에 익은지 몰랐고, 새로운 것과 모르는 것을 익혀야 하니 마치 학생이 된 것과 같다.

2011년 피렌체에서 베네치아로 가는 기차를 타려고 기다린 적이 있었다. 손엔 기차표를 들고 출발 시간보다 좀 이르지만 플랫폼에서 기다렸다. 그런데 벤치에 앉아 아무리 기다려도 기차가 오지 않았다. 결국 열차 시간이 지나서 역무원에게 물어보니 기차는 정시에 도착해서 떠났다는 것이다. 기가 막혔다. 알고 보니 플랫폼 양쪽으로 기차가 다니는데 번호를 잘못 보는 바람에 베네치아 방향 반대쪽 벤치에서 기다리고 있었던 것이다. 딴 것도 아니고 숫자를 잘못 보고 엉뚱한 곳에 앉아 등 뒤로 지나

가는 기차를 놓치다니. 결국 훨씬 비싼 가격으로 다음 기차표를 끊어 베네치아로 갔다.

어른이라고 생각했는데 아이처럼 어이없는 실수를 하면 기분이 나빠진다. 여행 중 이런 일이 벌어지면 자괴감마저 든다. 실수는 늘 할 수 있다고 생각은 한다. 실수를 인정하려면 실수한 상황은 그럴만한 개연성이 있다고 본인이 인정할 수 있어야 실수를 넘어간다. 즉 너무 급박한 상황이거나 감내할 수 있는 범위를 넘어간 상황 정도는 되어야 실수를 인정하는 것이다. 그러나 단순하고 일상적이라 생각하던 걸 자주 잊어버리거나 놓친다면 실수가 아니라 능력의 한계에 온 것이다.

일상적인 상황에서 커다랗게 적혀 있는 숫자를 놓치기 어렵다. 그러나 여행 중엔 실수가 일상이 된다. 실수는 여정을 꼬이게 만들고 불필요한 지연과 지출이 생기게 한다. 납득할 상황이 아니라 생각하니 더욱더 마음이 심란해진다.

교실 속 아이들도 딱 이런 상황에 처한다. 아이에게 학교생활은 여행과 같다. 익숙하지 않은 일을 해야 하고, 매번 새로운 것을 시도해야 하며, 매년 새로운 교사와 반 친구들과 적응해야 한다. 교사도 혼란스럽다. 단지 교실에서 벌어질 상황을 아이보다 좀 더 예측을 잘하고 잘 대처할 뿐이다. 그런데 여행은 교사를 아이처럼 만들어 버린다.

그렇다면 어른에서 아이가 되면 안 좋은 일만 벌어지는가? 그건 아니다. 2018년 러시아 상트페테르부르크 여행을 하던 때다. 상트페테르부르크에서 며칠을 보낸 어느 날 아침, 커피를 한잔하고 싶었다. 숙소 옆 스타벅스로 가다가 더 가까운 커피숍이 있다는 걸 발견했다. 그것도 스타벅스보다 싼 가격이다. 아직 이른 시간이라 내가 첫 손님인가 보다.

"굿모닝." 만국공통어인 영어 아침 인사를 하고 눈으로는 간판에 있는 커피 가격을 확인하며 손으로는 주머니의 동전을 세고 있다. 가격에 맞춰 아메리카노 한 잔을 주문했다. 금세 주문한 커피가 나왔고 마시려고 보니 거품이 많다. 라테를 준 것이다. 돈을 맞춰줬는데 아메리카노 가격을 맞춰줬다고 생각했지만, 내 손은 아마 라테 가격을 준 모양이다. 덕분에 아침에 우유 거품 가득한 라테를 마신다.

숙소에 출근하여 청소하는 소녀를 만나 인사를 한다. 반갑게 손을 흔들고 굿모닝 하고 인사를 하니 소녀도 손을 흔들어준다. 첫날에는 냉랭했지만 만날 때마다 미소 지으며 인사하니 이것저것 가르쳐준다. 특히 밥을 해 먹고 뒷정리를 깔끔히 했더니 엄지를 들어줬다. 공용 주방을 쓰고 치우지 않는 손님들이 있다. 그걸 정리해야 하는 소녀는 자기 일이면

서도 그 얄미운 행동 때문에 속이 상했는지 냉랭한 표정으로 새로 들어 오는 손님에게 규칙을 알려줬다. 아마 소녀의 냉랭함은 그 속상함과 고 단함의 표현이었을 것이다.

커피를 다 마시고 올라가 샤워를 하려고 하니 샤워부스가 하나 고장 나고 오늘따라 샤워하려는 사람들이 있다. 좀 두리번거리고 있으니 소녀 가 손짓해준다. 알고 보니 식당 지나서 다른 숙소동이 있고 거기엔 더 좋 은 샤워실이 있었다. 며칠이나 호스텔에 머무르면서도 연결 통로 뒤편으 로 가볼 생각을 못 했다. "굿모닝." 한 번에 이런 좋은 일이 생겼다.

새로운 일과 상황에 당황하지 않는 것은 어른보다 아이가 강하다. 아 이와 어른에 대한 극적인 깨달음을 얻은 것은 2016년 뉴욕 여행에서다.

제자인 규동이와 함께 뉴욕, 필라델피아, 워싱턴을 여행하고 있었다. 그 날은 뉴욕에 있는 구겐하임 미술관을 몇 년 만에 다시 방문했다. 그런데 가는 날이 장날이라고 미술관 개장공사를 하고 있었고 일부 작품만 볼 수 있다며 할인 티켓을 팔았다. 6층, 5층, 3층의 일부만 공개했는데 사진 작품 위주의 6, 5층은 별 감흥이 없었다. 그나마 마지막 3층엔 단 7점의 칸딘스키의 작품만 있었다. 다른 층은 공사 중이고 전시는 이것이 전부였다. '뭐야? 지금 장난하나?'

오기가 생겼다. 미술관에서 절대 집중하지 않으며 보는 것이 나의 관람 원칙인데 이번엔 안 되겠다 싶어 잠시 나가 호흡을 가다듬고 다시 들어왔다. "규동아, 이거 해석 좀 해줘." 영어를 잘하는 규동이에게 벽에 적혀 있는 칸딘스키 작품의 설명을 듣고 글귀 하나하나를 분석해 들어간다. 규동이가 초벌로 해석해주면 거기다 내 의미를 더했다. 칸딘스키의 작품에 대한 특징을 3가지로 요약하면 다음과 같다.

1. 음악적인 움직임   2. 감각적인 표현   3. 구성

그러나 이 3가지만으로는 칸딘스키를 해석하긴 무리다. 오감을 총동원해서 작품 속으로 들어간다. 전시된 작품을 카메라로 찍어본다. 카메라의 화각 안에 그림이 다 들어오지 않아 양 귀퉁이를 기준으로 한 장의 그림을 2개로 분할해서 찍었다. 몇 장 안 되는 작품이라 아까워서 그랬을 수도 있다.

화각은 내 시선이다. 내가 보고 싶은 만큼만 보는 것이다. 내가 보고 싶은 곳을 중점으로 포커싱해서 본다. 카메라에 잡힌 그림을 다시 본다.

'헉' 하고 짧은 신음이 터진다. 사진 속에 있는 칸딘스키의 그림은 같은 대상을 찍었으나 다른 그림처럼 보였다. 전혀 다른 그림이 두 장 찍혀 있다. 네 귀퉁이를 포커싱하고 찍으면 4작품이 나올 기세다.

물론 잭슨 폴록처럼 한 작품 안에서 수만 가지로 해석될 여지가 있는 것도 있지만, 칸딘스키의 작품에서는 처음 발견했다. 이렇게 보려고 생각도 못 했는데 의도하지 않은 초집중으로 우연히 발견했다.

'칸딘스키는 아이처럼 그렸다.' 내가 내린 결론이다. 문자로 적힌 3가지 음악적이고 감각적이고 구성이 특이한 것은 표현 후의 것을 구분하다 보니 그렇게 정의한 것이다. 그 이면에 아이처럼 자유분방한 칸딘스키가 있었다는 사실을 알지 못했다. 몇 년 전에 같은 장소인 구겐하임에서 분명히 칸딘스키의 그림을 봤다. 그러나 그땐 느끼지 못했다. 무엇 때문일까? 어른인 내 눈으로 어린아이의 표현을 해석하려 했기 때문이다.

어느 부분이 음악적인지, 어느 부분이 감각적인지, 어느 구성이 특이한지 찾고 있었다. 그때 난 단어를 머리에 넣고 그림에서 그 단어를 찾으려 했으니 그림 속에선 찾을 수 없었던 것이다.

상상의 나래를 펼친다. 아이가 있다. 손에 잔뜩 물감을 묻히고 신이 나서 그림을 그리는 건지 노는 건지 모를 정도로 마구 칠한다. 칸딘스키는 아이의 마음으로 돌아가 그렸을 것이다.

'칸딘스키는 미쳤다.' 미치지 않고서야 저런 그림을 온전히 그릴 수 없다. '미쳤다'는 '깨달았다'와 동의어다. 극한의 경지에 올라 환희를 느꼈을 것이다. 아마 그의 인생에서 가장 극적인 희열을 느낀 것은 아니었을까? 그래서 칸딘스키는 미친 표현이 가능했다.

다시 돌아가서 생각한다. 칸딘스키는 아이이면서 미쳤다. 칸딘스키는

아이처럼 그렸지만 유치하지 않다. 칸딘스키는 미치긴 했지만 광포하지 않다. 그런 칸딘스키는 아이이면서 미치광이다. 내가 내린 결론이다.

다른 방식으로 생각해본다. 연결되지 않은 띠를 그려본다. 처음에 아이로 출발해서 점점 어른이 되고 점점 늙어가는 인생의 띠다. 어느 순간에 깨달음이 온다. 그리고 정점을 맞는다. 아이로 출발해서 미치광이에 근접해야 극한의 느낌을 받을 수 있다. 늙어서 죽을 때까지 한 번은 그 극한의 느낌을 받는 순간이 온다. 원래 인생의 띠는 처음과 끝이 만나지 않는다. 그러나 극한의 느낌을 받고 나면 그 순간 띠의 처음과 끝은 연결된다. 그것이 깨달음의 순간이다. 극한의 깨달음을 얻으면 다시 아이가 되는 것이다. 어른의 육체와 능력을 가진 체 아이의 정신이 된다. 유치하지 않으면서 순수하고, 광포하지 않으면서 미쳐 있는, 아이이면서 어른이고, 어른이면서 아이 같은 자로 다시 태어난다.

칸딘스키의 그림을 보며, 그림을 읽으며 머리가 띵해졌다. 갑자기 다리에 힘이 빠진다. 찰나에 머리를 스치고 지나간 감정을 잡기 위해 사력을 다한다. 규동이에게 설명해보지만 아직 이해가 안 되나 보다. 하지만 난 계속 입꼬리가 올라간다. 순간적으로 머리가 비워지고 엄청난 충만감이 몰려온다. 마약을 맞는다면 이런 기분일까?

관람을 마치고 내려왔다. 한 시간도 채 안 되는 관람 시간이었는데 그 이전과 지금이 너무나 다르다. 날씨는 너무 좋다. 완전 늦가을 날씨에 산책하기 아름다운 날이다. 가슴에 뜨거운 열기가 아직 남아 얼굴이 발그레하다. 난 다시 어른에서 아이가 되었다. 난 비로소 아이의 눈으로 세상을 볼 수 있는 눈을 찾았다.

여행은 나를 찾는 여정이다

　　2016년에 1월, 뉴욕의 브루클린 뮤지엄을 찾아갔다. 퀸스에 있는 브루클린 뮤지엄을 가기 위해 지하철을 탔다. 오픈 시간이 10시인 줄 알고 아침부터 부산을 떨었다. 숙소에서 지하철로 40분쯤 걸린다고 해서 넉넉히 한 시간 이상 여유 있게 출발했다.

　지하철 3번 라인을 타고 어렵지 않게 도착한 미술관. 그런데 오픈 시간이 다르다. 여행책에 나와 있는 것보다 한 시간이나 늦다. 어쩔 수 없이 동네 산책을 했다. 숙소 근처나 맨해튼 안에서는 흔하게 볼 수 있는 맥도널드, 스타벅스는 온데간데없고 갑자기 시골 동네 한가운데 온 기분이 들었다. 하긴 처음 뉴욕 왔을 때 숙소였던 플러싱 주변도 이랬다. 사진이나 영화에 나오는 맨해튼의 고층 건물이 뉴욕의 전부는 아니다.

　오픈 시간까지 기다려야 하기에 추운 날 공원을 걸을 수 없어 커피 한 잔을 마실 수 있는 곳을 찾았다. 한참을 걸어 작은 카페를 발견했다. 좁은 공간과 낡은 의자 그리고 맛없는 싸구려 커피 한 잔으로 언 손을 녹이며 마음까지 녹였다. 왠지 모르게 마음이 편했다. 문득 왜 여행을 하는지 나를 돌아보기 시작했다. 이 추운 날 오들오들 떨다 뉴욕 퀸스의의 어느 한적한 카페에 앉아 궁상을 떨기 시작했다.

난 화려한 것은 그다지 좋아하지 않는 것 같다. 난 정교한 것도 그다지 좋아하지 않는 것 같다. 수수하지만 순수하고 진실한 것이 더 편안하다. 꾸미는 것보다 있는 그대로를 보여줄 때 더 편안함을 느낀다. 이 작은 카페가 오늘 가장 편안함을 주는 곳일지도 모른다. 생각지도 못한 한적함이 좋았다.

여행을 다니다 보면 다른 사람들에게 여행 다니는 이유를 알리려 했다. 묻지도 않은데 왜 그랬는지 모르겠다. 그림을 봐야 한다는 이유로, 6학년 사회의 세계지리를 가르쳐야 한다는 핑계로, 여행 계획을 잡고 실행에 옮겼다. 저렴한 항공권과 싼 숙소만 해결할 수 있으면 틈나는 대로 외국으로 나왔고, 미술관과 우연히 만나는 사람들과의 대화를 즐겼다.

그렇다고 즐겁고 마음 편한 것만은 아니었다. 강제로 몸과 마음을 낯선 곳으로 소환해 낯섦을 겪도록 스스로 내버려 두는 과정은 쉽지 않았다. 그때 그림을 만났고 생경함을 깨달음으로 바꾸는 기회도 가졌다. 이젠 그렇게 하지 않아도 될 것 같다.

처음 왔을 때 뉴욕의 느낌은 새침데기 아가씨 같았다. 도도하고 콧대 높아 재수 없이 보였는데, 파면 팔수록 매력이 넘치는 아가씨 같은 도시였다. 마음을 뺏겨 다시 왔지만, 이젠 더 이상 뉴욕이란 아가씨에게 마음을 빼앗기지 않을 것 같다.

미술관에 걸려 있는 그림이 아니더라도 난 언제든지 예술의 바다에 빠질 수 있다. 내가 본 그 수많은 영화와 내가 나눴던 그 수많은 타인과의 대화는 나를 풍성하게 해줬다. 여행은 일상에서 벗어나 잠시 나만의 시간을 갖는 일이다. 꼭 여행이 아니더라도 일상에서 나만의 시간을 가질 수 있는 여유만 있다면 여행 같은 느낌을 받을 수 있다. 이젠 그것도 부차적인 것에 불과하단 사실도 여행을 통해 알았다.

난 여행을 필요로 했다. 이제 그 여행을 위해 굳이 멀리 떠나지 않아도 된다는 것을 알았다. 내 주변에서 생경함을 찾을 수 있고, 내 일상에서 심연으로의 여행도 갈 수 있다. 익숙함과 생경함의 경계가 사라지는 기분이다. 그리 무겁지 않은 삶을 살았지만, 이제 더 가벼워진 느낌도 든다.

　그렇다고 내 삶이 녹록하거나 부정적인 감정이 사라지고 정화되어 완전해졌기 때문에 그런 감정을 느끼는 것은 아니다. 난 여전히 불완전하다. 난 여전히 탐욕스럽고, 여전히 갈구하며, 여전히 몰입할 대상을 찾는다. 여전히 찌질하며, 여전히 후회하고, 여전히 작은 것에 집착한다. 이젠 내가 가진 부정적인 면을 부정하지 않는다. 내가 가진 부정적인 면을 없앨 수 없지만, 그럴 수 있다고 해서 내 장점을 부각하지 않는다. 있는 그대로 둘 뿐이다. 내가 가진 부정적인 면이 나의 선한 영역까지 침범해서 물들이지 않게 할 수 있는 능력과 힘이 나 스스로에게 있다는 것을 확인했을 뿐이다. 난 예전에도 나였고, 지금도 여전히 나 그대로이다.

　마흔이 넘어 시작한 여행에서 처음 마주한 로마의 풍경에서 뉴욕의 낯선 허름한 카페에까지 감정의 끈이 연결되고 정돈된다. 머리가 맑아지고 환해짐을 느낀다. 참 좋다. 편안하고 아늑하다. 모르고 익숙하지 못한 것을 접하다 보면 난 겸손해진다. 알고 익숙한 것을 만나더라도 이젠 겸손해질 수 있다. 여행을 일상처럼 하면 일상이 곧 여행이 된다.

여행은 나에게 좀 더 성숙한 어른이 될 수 있는 기회를 줬다. 난 언제부터인가 더 겸손해져 있고, 더 친절해져 있었으며 더 자유로워져 있었다. 그것이 시간의 힘인지, 경험의 결과인지, 혹은 여행의 효과인지는 확실하지 않다.

그럼에도 아직 나에겐 잘난 척과 까칠함과 불안함도 남아 있다. 긍정적인 나와 부정적인 나 양면이 원래 나였고 긍정을 추구하기 위해서 부정적인 나 역시도 안고 가야 한다는 걸 알았다. 난 그것을 인정하지만, 긍정적인 면으로 나아가기 위해 끊임없이 균형을 맞추는지도 모른다.

진짜 나는 그 균형을 맞추는 중심에서의 나인지도 모른다. 그것이 나다. 타인이 나를 어떻게 보는가는 그다지 중요하지 않다. 타인이 나를 오해하는 것을 두려워하지 않는다.

일관성의 힘을 아는 나는 단기간에 효과를 보려 하지 않아도 된다는 사실을 알기에 여유를 갖지만, 그러면서도 늘 초조해한다.

개운하고 머리가 맑아진다. 당분간, 상당 기간 유럽이나 미국을 여행하지 않아도 될 것 같다. 아니 여행을 하더라도 옆집에 마실 가듯 가벼운 마음으로 갈 수 있을 것 같다.

졸업한 제자들은 대학생이 되어 나와 함께 여행 다니길 꿈꾼다. 뒷짐 지고 처음 유럽에 나오는 중늙은이가 되어 제자들이 이끄는 대로 따라다니며 마치 처음 보는 것처럼 즐거워하며 함께 느끼는 내 모습을 상상해본다. 어른이 되려고 애쓰는 아이들의 마음을 어루만지는 그런 어른이

되고 싶다.

　이런 아름다운 생각을 하다 갑자기 교직을 시작하고 몇 년 동안 좌충 우돌하던 시절이 떠올랐다. 그러고 보니 초임 몇 년 동안 소식을 주고받 는 제자가 한 명도 없다는 사실을 깨달았다. 이때까지 교사생활 하기 급 급해 왜 나와 그때의 아이들은 아무런 연락을 하지 않는지 이유를 알지 못했다. 아이들의 기억을 빌릴 수 없으니 나 스스로 과거로 돌아가 그때 의 나를 만나본다.

　1998년 3월 12일. 처음 교단에 섰다. 겨우겨우 교육대학교를 들어가 가까스로 졸업해서 기적적으로 교사가 되었다. 교사가 되기 전에 좋은 교사, 참된 교사를 생각하기엔 내가 처한 현실이 쉽지 않았다. 어떻게든 졸업 평점을 맞춰야 하는 현실에 늘 허덕이며 살았다. 현실보다 더 힘든 건 내세울 것 없는 나 자신이었다.

열등감이 나를 사로잡았다. 하지만 열등감을 표현할 수 없다. 내 초라함을 감추기 위해 허세를 부려야 했다. 교사로 임용되고 난 후 마음속으로 부러워하던 동료들과 함께 교직에 들어섰다는 사실은 내 열등감을 메워줬다. 그러나 열등감의 이면엔 우월감이 있다는 사실을 몰랐다. 난 잘 가르치는 교사가 되고 싶었다. 그동안의 열등감을 만회하려고 누구보다 열심히 가르치고 그래서 인정받는 교사가 되고 싶었다.

아이들에게 공부를 잘 가르치고 싶었다. 성적을 올리고 시험을 잘 쳐서 점수를 잘 받게 하는 교사가 진정한 교사라고 착각했다. 엄청나게 공부시켰다. 아이들을 몰아붙였다. 그것이 학창시절 열등감에 사로잡혀 있던 내가 아이들에게 해줄 수 있는 최고의 가르침이라 여겼다. 하기 싫어하는 아이는 다그치고, 반항하는 아이는 매로 다스렸다. 그렇게 드디어 난 인정받는 교사가 되었다.

하지만 공허했다. 아이들은 내 곁에 오지 않았고 나를 두려워했다. 아이들에게 폭력적인 방법으로 내 열등감을 주입한 것이다. 생각이 여기까지 미치자 부끄러웠다. 왜 그때 아이들은 나에게 반항하지 않았을까? 두려웠을 것이다. 신념에 찬 젊은 교사를 꺾기엔 아이들이 미약했을 것이다. 한 가지 의문이 생겼다. 그렇게 힘들었을 텐데 왜 부모에게 나의 욕을 하지 않았을까? 생각해보니 공부 많이 시키고 숙제 안 해 와서 체벌한다고 항의해온 부모가 없었다.

부끄러움이 밀려왔다. 아이들을 몰아붙이고 체벌해서만은 아니다. 그런 나의 부족한 모습을 아이들은 참고 지켜보며 견뎠기 때문이다. 그것이 아이들이 나에게 보여준 나름의 관심과 사랑이었다는 사실을 깨달았을 때 가슴 속에 굵고 뜨거운 덩어리가 목구멍까지 솟아올랐다. 가슴이 아려오고 눈앞이 흐려져 뜨거운 무언가가 볼을 스쳐 지나간다. 시간은 흘러 다시 그때를 돌이키지 못한다. 젊고 힘이 넘쳐 아이들을 다잡던 나는 이제 매일 약을 먹고 버텨야 하는 신세가 되었다.

여행은 나를 찾게 해주고, 아름다움은 나의 삶을 풍요롭게 해주었다. 지금의 교사인 내가 있기까지 기다려주고 참아준 아이들에게 진심으로 고마움과 감사를 전한다. 시간을 돌이킬 수 없다. 그때의 아이들은 이미 떠났다. 그 아이들에게 전하지 못한 진짜의 가르침을 지금의 아이들에게 전하는 것이 나의 소임이 될 것이다.

여행의 걸림돌은 무엇인가?

여행을 오면 며칠간 잠을 잘 못 이룬다. 잠드는 시간과 상관없이 정확히 잠이 들고 4시간만 지나면 깬다. 몸은 말로 표현할 수 없이 피곤해도 여행 초기엔 풍토병을 겪듯 설치는 잠으로 고생한다.

여행 중엔 강제로 새벽형 인간이 된다. 새벽에 일어나면 할 일이 없어 무료하다. 무료하면 생각이 많아진다. 평소에도 생각은 많지만 정리되지 않는 생각이나 파편으로 떠오르는 생각으로는 구체적으로 무언가를 할 수 없다.

내가 여행을 오는 이유는 강제로라도 생각을 정리하기 위해서다. 2018년 1월 시카고 미술관 여행을 할 때다. 그땐 시카고에 도착해서 기분이 묘했다. 악착같이 준비하고 왔는데도 그리 흥분되지 않는다. 오히려 한국에 있을 때보다 더 차분해졌다. 여행은 내가 모르는 사이에 내 삶에 많은 변화를 줬다. 지난 기간 한국에서의 생활이 더 흥분되는 것이 많아 여행이 더 차분해져 버릴지도 모르겠다.

숙소는 시카고 미술관까지 걸어서 5분 만에 갈 수 있는 아파트였다. 1박에 10만 원도 안 하지만 주방이 있어 음식을 해먹을 수 있었다. 그리 훌륭한 시설은 아니지만, 와이파이도 잘 되고 꽤 만족했다. 객실에 조명등이 설치된 책상이 있어 책 읽고 글쓰기에 적당했다. 사실 조금만 찾아보고 적당한 비용을 들이면 이 정도는 된다. 어지간한 패키지여행도 이 정도 객실 컨디션은 유지한다.

여행의 걸림돌은 무엇일까? 가겠다고 결심하는 순간부터 여행은 시작된다. 항공권과 숙소를 알아보고 볼거리와 할 거리를 찾는 것이 여행 계획의 핵심이다. 그러나 계획을 실행할 때까지 여행을 주저하게 하는 걸림돌이 있다. 누구나 여행을 꿈꾸면서도 막상 실행에 옮기려면 주저하게 만드는 걸림돌 때문에 여행은 늘 마음속의 로망으로 남는다.

많은 사람들은 돈과 시간이 여행의 걸림돌이라고 한다. 혹은 가족을 돌보느라 시간이 없다고 한다. 맞는 말이다. 그러나 이런 걸림돌을 말하기 전에 '왜 여행을 가는가?'에 대한 궁극적인 질문을 자신에게 던져야 한다. 이 질문의 답은 자기 삶에 대한 철학과 성찰에 대한 것이니 각자의 숙제로 남긴다. 대신 보통 걸림돌로 꼽는 시간과 돈, 가족에 대해선 하고 싶은 말이 있다.

시간

여행을 결심하고 실행하는 데 무엇보다 시간의 제약을 가장 많이 받는다. 특히 직장인이라면 더 하다. 방학이 있어 시간 여유가 있는 교사도 여행을 위해 1~2주 이상 시간을 확보하기는 쉽지 않다. 누구에게나 일상은 해야 할 일로 가득 차 있다.

보통 시간이라고 하면 정해진 것 같지만, 물리적인 시간과 심리적인 시간으로 나눠서 생각해볼 필요가 있다. 집 청소를 한다고 예를 들어보자. 어떤 이는 정해진 순서대로 효율적으로 해서 짧은 시간에 끝내고, 어떤 이는 해야지 하고 생각만 하고 하지 않는다. 또 청소시간이 오래 걸려도 끝나고 보면 한 건지 안 한 건지 표가 안 나는 경우도 있다.

청소에 걸리는 물리적인 시간은 같지만, 청소를 대하는 심리적인 시간은 개인차가 크다.

최소한 자신을 위한 심리적인 시간을 늘려야 여행을 갈 수 있다. 그렇다면 어떻게 자신만의 심리적인 시간은 늘릴 수 있을까? 자신의 일과를 돌아보자. 불필요하게 사용하는 시간은 없는가? 준비하는 데 오랜 시간이 걸리지 않는가? 삶의 군더더기를 없애는 것이 심리적 시간의 군더더기를 없애는 방법이다.

군더더기가 없어져야 오롯이 자신의 심리적 시간을 확보할 수 있다. 너무 오래 미뤄두면 나태함이 된다. 나태함의 잘못은 금방 나타나지 않는다. 나태한 사람은 자신의 잘못이 무언지 잘 모르거나 어렴풋이 생각하거나 그럴 수 있다고 생각한다. 그러나 정작 무서운 건 따로 있다. 바로 변명의 기술을 연마하고 시간을 흘려보낸다는 것이다. '다음에 하지 뭐?', '쉬었다 하지 뭐', '시키면 하지 뭐' 이렇게 생각하지만 진심으로는 '못하면 어떻게 하지' 하며 두려워한다. 그러다가 자신만의 시간이나 여가가 생기면 무엇을 해야 할지 두려워하면서 여행은 엄두도 못 낸다. 특히 혼자 하는 여행은 더 그렇다.

난 하기 싫은 일부터 먼저 한다. 그래야 나머지 시간을 효율적으로 쓸 수 있다. 좀 더 익숙해지면 하기 싫은 일 자체를 안 만들려고 한다. 내가 선택한 일이라면 어렵고 힘들어도 해야 할 당위가 생기지만, 의무나 관성으로 해야 하는 일이라면 하기 싫다. 정 해야 한다면 하기 싫은 일 자체를 줄이려 한다. 타인과 관계가 촘촘히 엮여 있는 일상과 현실에서 이것이 가능한가? 어렵다. 그러나 타인과 엮인 일을 줄여나가지 않으면 자신을 위한 심리적 시간을 늘리지 못한다.

타인과 고립되지 않을까 걱정한다. 타인들에게 잊히지 않을까 걱정한다. 그러나 큰 걱정 안 해도 된다. 타인도 자신의 삶을 살아가느라 나를 생각할 시간이 그리 많지 않다. 우린 그렇게 타인과 엮여 살아간다고 생각하지만, 그렇게 살아간다 여길 뿐 실제론 자신의 삶을 살아가기도 벅차다. 다들 그러고 산다.

타인과 분리된 자신을 찾아야 사회구성원으로서의 독립된 자신을 찾을 수 있다. 독립된 자신이야말로 진정으로 타인과 함께 살아가는 건전한 사회구성원이다.

시간을 장악할 수 있으면 자신을 찾고 세울 수 있다. 핵심은 자신의 시간을 타인과 사회에 맞추는 것이 아니라 시간을 나에게 맞추는 것이다. 나의 시간을 확보하면 타인과 사회에 더 너그러워진다. 이건 경험해봐야 알 수 있다. 머리가 아닌 몸으로 깨우쳐야 한다. 여행을 위해서는 심리적 시간이 필요한데, 그런 연습을 할 수 있는 기회가 여행이다.

돈

시간을 제어할 수 있으면, 돈을 제어하는 것은 좀 더 쉽다. 여행은 돈이 많이 든다. 이것 역시 상대적이다. 여행 경비는 욕망에 비례하고, 편안함을 추구할수록 높아진다. 휴식과 휴양, 나를 위한 위로로 여행의 목적을 정했다면 경비를 줄이는 것이 무의미하다. 한도 내에서 맘껏 써야 한다. 그렇게 하는 것이 목적에 맞다.

난 나로부터 시작한 몸의 독서를 여행의 목적으로 삼았다. 지식과 이

해가 아닌 낯선 환경에서 머리보다 몸이 먼저 반응하는 것을 우선하고 체험으로 삶의 본질을 알아가는 것이 몸의 독서다. 그래서 몸을 호사스럽게 하는 데 필요한 경비는 가급적 줄였다. 목적지까지 데려다줄 수 있는 항공편과 밤에 몸을 뉘고 쉴 수 있는 침대만 있으면 됐다. 대신 예전보다 체력이 떨어졌고, 건강을 고려해야 하기 때문에 다인실 호스텔은 잘 가지 않지만, 개인실을 쓰더라도 여기저기 알아보면 줄일 수 있다.

대중교통을 이용하고 걸어 다닐 수 있으면 걷는다. 숙소에 주방이 있으면 라면도 끓여 먹고 즉석 밥도 마다하지 않는다. 같은 값이면 마트에서 맥주나 와인도 싸게 사서 숙소 가서 먹는다. 관광과 여흥에 필요한 것은 별로 안 한다. 도시 간 이동할 때 저가 항공이나 기차, 버스를 탈 때도 미리 예매하고 준비하면 의외로 큰돈 안 들어간다.

보통 여행지에서 하루 경비는 숙박비를 제외하고 입장료와 식비, 이동하는 교통비를 포함해서 대략 10만 원 정도로 계획한다. 물론 더 줄일 수 있고, 여행을 하면 할수록 경비가 줄어들고 있다.

가족

이것이 여행을 하는 데 가장 큰 걸림돌이다. 혼자 여행을 위해 가족관계를 정리하자는 것이 아니다. 물론 가족과 함께 가는 것도 좋은 방법이다. 가족여행의 목적이 가족 간에 추억을 만들고 화목을 도모하는 것이라면, 꼭 해외로 나갈 필요가 없다.

휴양을 목적으로 한 관광이 아닌 유럽이나 미국 등 장거리로 가족여행을 떠나는 경우 그 자체가 큰일이다. 가족여행을 자유여행으로 잘 다녀왔다면 가족 중 누군가는 헌신과 희생을 한 것이다. 가족들이 안심하고 여행하도록 여정을 짜고, 예약과 이동을 책임졌기 때문이다. 가족여행을 와서 뭔가 더 하고 봐야 한다는 욕심을 부리기라도 한다면 큰일이다. 가족이 모두 여행 성향이 같다면 별 상관없지만 그러기 쉽지 않다. 나와 아내는 미술관을 좋아하지만, 아들은 가기 싫어한다. 반대로 아들이 좋아하는 놀이동산은 내가 좋아하지 않는다. 거의 대부분의 시간을 밀착해서 붙어 다녀야 하는 가족여행은 자칫 가족 분란의 소지가 되는 경우도 심심찮게 생긴다.

혼자 여행을 떠나려고 할 때도 가족이 걸림돌이 된다. 가족을 두고 여행을 떠나려면 그 자체가 큰 부담이 다. 혼자 가겠다고 마음을 먹었으면, 여행을 갈 수 있을 정도로 자기 시간을 만들고 가족의 이해를 구하기 위해서는 평소 생활 자체의 변화가 있어야 한다.

가족은 누구보다 가까운 사이다. 그러나 자칫 이런 가까움이 서로의 독립된 사고와 행동에 방해가 될 수도 있다. 너무 가까워서, 남이 아니기에 타인에게 하지 못하는 정성과 관심을 쏟는다. 정성과 관심도 지나치면 아니함만 못하다. 거기다 '알아주겠거니' '대신해주겠거니' 하는 생각은 알게 모르게 서로 부담과 짐이 되면서도 그것이 가족이라고 생각하고 참고 지낸다.

난 집안일을 결혼하고 나서 배웠다. 밥 짓고, 빨래하고, 설거지와 청소

를 한다. 다 하지 못해도 내가 할 수 있는 것은 한다. 여행 중에 살림하는 능력은 꽤 도움이 되었다. 난 현지에서 장을 보고 식사를 해결하며 부대시설이 별로 없는 숙소에서 불편함 없이 지낼 수 있다.

2011년 처음으로 가족을 두고 여행을 갔을 때 마음 한켠에 미안함이 있었다. 첫 방문지인 로마의 바티칸에서 엽서를 집으로 보냈다. 혼자 와서 미안하고 다음에 꼭 함께 오자고. 여행이 끝날 때쯤이면 엽서가 집에 도착할 거라고 했다. 드디어 20일 넘는 여행을 마치고 돌아오니 집은 티끌 하나 없이 깨끗하게 되어 있었다. 평소 어질러져 있던 집을 생각하고 왔는데 놀라웠다. 여행을 돌아와 며칠이 지났는데도 아내와 아들은 바티칸에서 보낸 엽서에 대한 말이 없었다. 그래서 넌지시 아들에게 자초지종을 캐물었다.

"엄마가 아빠 엽서 보더니 화들짝 놀라서 청소를 시작했어요."

알고 보니 내가 여행 간 동안 우리 집은 아내 친구와 동료들의 파라다이스로 변했고 매일 모임에 파티가 끊이지 않았다고 한다. 그러던 어느 날 나의 도착을 알리는 엽서가 왔으니 아내는 화들짝 놀라 몇 날 며칠을 치웠다고 한다. 온 가족이 서로의 비밀을 털어놓고 한바탕 웃었다.

가족에 대한 믿음이 역설적으로 나 혼자만의 여행을 통해 커진다. 혼자 떨어져 있는 여행지에서 가족에 대한 생각과 믿음은 커진다. 여행을 통해 성숙해진 나의 모습은 무언지 모르겠지만, 가족에게 선한 영향력을 주고받았다. 나 역시도 나에 대한 욕망과 불만이 여행을 통해 표현되고 해소되며 극복되는 과정을 통해 조금씩 바뀌어감을 느낀다.

여행하는 이유에 대한 생각을 깊이 하면 할수록 여행의 목적은 결국

나로 귀결한다. 내가 여행에 어떤 의미를 두느냐에 따라 나머지는 종속 변수가 된다. 여행을 통해 보는 내 모습은 이중적이다. 그렇게 가고 싶어 했음에도 실제 여행을 가면 대충 대충한다. 보는 시간보다 쉬는 시간이 더 많다. 이동하는 데 시간 다 보낸다. 활동보다 생각을 더 많이 한다. 대범하면서도 쪼잔해진다. 가지고 와서 기념하는 것보다 버리는 것에 더 익숙하다.

여행은 충족함에서 오는 만족감이 아니라 버림에서 깨우치는 청량감이 더 크다. 가방을 작게 하고, 몸을 가볍게 하는 법을 배운다. 대체재를 챙기는 것보다 현장에서 구할 수 있는 것을 찾는 방법을 배운다. 계획이 어긋났을 때 대처하는 방법을 배운다.

스스로를 강제로 익숙하지 않은 상황에 몰아넣음으로써 나를 찾아본다. 안정된 직장을 가진 교사로서, 한 가족의 가장으로서, 어른으로서, 지키고 누려야 했던 것들을 잠시 벗어 놓는 방법을 배운다. 그렇게 나를 찾아간다.

원하는 모든 것을 넣을 수는 없다

여행을 떠나려면 짐을 싸야 한다. 난 옷가지에서부터 카메라, 노트북도 챙기고 먹을 것도 챙긴다. 수하물로 가져갈 수 있는 캐리어의 크기와 무게는 정해져 있다. 캐리어가 아무리 커도 원하는 물건을 모두 넣을 수 없다.

"당신의 가방엔 무엇이 들어 있나요?"

영화 '인디에어(Up In The Air, 2009)'의 라이언 빙햄은 미국 전역을 돌아다니는 베테랑 해고 전문가다. 일 년이면 322일을 여행하며 지구에서 달보다 더 먼 거리를 다닌다. 놀러 다니는 여행이 아닌 출장이기에 그의 짐은 단출하며 보안검색대를 최단 시간에 돌파하는 것을 목표로 한다. 라이언 빙햄은 가끔 자신의 업무와는 별개로 여행에 관한 강의를 하기도 한다. 가방 하나를 책상에 올려놓고 그에 관한 것에서부터 여행 이야기를 시작한다.

집이 크든 작든 한곳에 머무르기 시작하면 익숙한 장소에 익숙한 물건

이 놓인다. 물건이 어디에 있는지에 따라 동선이 정해지고 눈을 감고도 찾을 수준이 되면 안정감을 느낀다. 그러나 여행에선 이런 안정감이 있는 동선을 기대할 수 없다. 가져갈 수 있는 물건이 한정되기 때문이다.

무엇을 넣고 무엇을 빼야 할지 고민이 된다. 필요한 것을 취하고 불필요한 것을 버리는 단순한 공식이면 쉽다. 그러나 여행 가방을 싸는 건 필요한 것 중에서도 우선순위를 정해야 한다. 꼭 필요한 물건만 싸도 짐은 한 가득이 넘는다. 빼야 할 물건을 빼는 것도 쉽지 않다. 어딘가 꼭 필요할 것 같고, 안 가져가면 낭패를 볼 것 같은 걱정에 사로잡히기 때문이다. 부피를 줄이고, 가방이 허용하는 최대한 물건을 넣었다고 해서 끝나는 것이 아니다. 무게가 넘어가면 또 꺼내야 한다.

항공사가 허용하는 만큼 최대한 담아서 여행지까지 가져갔다고 끝나는 것은 아니다. 수하물 캐리어와 백팩을 짊어지고 걸어 다니는 것 자체가 극기 훈련이다. 편리하게 여행하려고 짐을 챙겨왔는데, 짐이 여행을 방해하는 일이 벌어진다. 승강기나 에스컬레이터가 없는 지하철역이나

숙소를 만나면 파김치가 되기 일쑤다.

여행 중에 사고 싶은 기념품과 상품은 또 얼마나 많은가? 난 미술관에서 도록을 사서 가져오려고 했지만 포기해야 했다. 첫 여행에서 달랑 배낭 하나 메고 갔는데 그걸 넣을 공간이 없었기 때문이다. 가방은 협소하고 도록은 책보다 컸으니 그냥 포기할 수밖에 없었다.

아까운 것과 중요한 것을 구분해야 하는 가장 처음은 바로 여행 짐을 챙기는 데서 시작한다. 평소엔 아까운 것과 중요한 것을 구분할 필요가 없다. 그러나 몸에 지니거나 가방에 넣을 수 없는 것은 아무리 아까워도 가지고 갈 수 없다. 아까운 것과 중요한 것은 여기서 판가름이 난다. 평소에 무엇이 중요하고 무엇이 아까운지 판별하기 어렵다면 여행 가방 쌀 때의 상황을 상상해보면 기준 되는 점을 찾을 수 있다.

여행 가방을 착실히 싼다고 해서 실수가 없는 것이 아니다. 여행지의 추운 날씨를 생각해서 잔뜩 들고 간 겨울옷은 정작 따뜻한 날씨에 짐만

되고, 여름이라 생각해서 짧은 옷만 들고 갔다가 쌀쌀한 날씨에 오들오들 떨며 혹시나 하며 챙겨간 바람막이 하나로 단벌 여행을 하기도 했다.

가방을 잘 챙기는 것은 준비를 철저히 하는 것과 같다. 그러나 너무 많이 준비한다고 해서 그것이 모두 도움이 되는 것은 아니라는 것을 여행을 통해서 알게 된다. 물론 돈이 많다면 비즈니스나 퍼스트 클래스를 타서 수하물을 넉넉히 보내거나 현지에서 대중교통 대신 비싼 택시를 타고 다니면 된다. 숙소도 거실과 침실이 분리된 스위트룸을 잡으면 집에 있을 때와 마찬가지로 다 펼쳐놓을 수 있다.

그러나 이건 여행이 아니라 봄놀이 유람이다. 옛날 조선 시대에 봄놀이를 가면 양반은 유유자적하게 풍월을 읊지만, 따라간 하인들은 화전을 만들 재료며, 술이며 봄놀이 유람에 필요한 것들을 바리바리 싸 들고 가서 양반의 수발을 들어야 했다. 충분한 대가를 지불하고 누리는 것이야 상관없지만, 누군가의 희생 위에 편안하게 여행한다는 것은 불편하다. 그럴 돈도 없지만.

여행 짐을 싸면서 내 삶을 돌아본다. 필요하다고 생각해서 하나씩 사 모은 물건이 집을 가득 채우는 것은 필요하지 않은 물건을 버리지 못하는 미련 때문이고, 언젠가는 필요할 것이라 여기는 미련 때문이다.

가방의 무게는 삶의 무게와 같다. 미리 다 채우고 가면 새로운 것을 넣을 수 없다. 여행에서는 늘 새로운 것을 만나게 되고 새로운 물건도 만난다. 가방엔 늘 새로운 것을 위한 공간을 남겨둬야 한다.

여행 가방의 여유만큼 여행의 여유도 생기듯, 마음의 가방 역시 어느 정도 공간은 남겨둬야 한다. 여행 가방을 싸면서 자신의 마음 가방의 크기는 얼마나 되는지 생각해보자.

가방에 가진 걸 모두 넣어보세요! 배낭을 멨다고 상상하세요. 어깨 위의 끈이 느껴지나요? 가진 걸 모두 넣으세요. 선반과 서랍 속의 물건들부터 넣어 보세요. 무게를 느끼세요. 이제 큰 물건을 넣어요. 옷, 전자기기, 램프, 시트, TV 배낭은 점점 무거워지죠. 소파와 침대, 식탁… 차와 집도 넣어요. 방이 몇 개든 상관없어요. 배낭에 다 넣으세요. 걸어 보세요. 힘들죠? 이런 게 일상이죠. 못 움직일 정도로 짐을 넣고는 걸어가는 게 삶이랍니다. 뭘 뺄 건가요?

  - 영화 '인디에어' 중 라이언 빙햄이 강연에서 한 말.

버스터미널과 기차역 그리고 공항

여행은 여행지로 이동하는 것에서부터 시작한다. 버스나 기차를 타고 다른 곳으로 여행해본 경험을 떠올려보자. 목적지를 정하고, 티켓을 산 다음 출발 시각에 맞춰 플랫폼으로 가서 정해진 버스나 기차를 탄다.

버스나 기차는 어떻게 타는지 잘 알지만, 공항에서 비행기를 타는 방법은 익숙하지 않아 비행기로 하는 여행을 생경하게 생각하기도 한다. 여행을 자주 해본 이들은 공항이 익숙하겠지만, 처음 해보는 사람은 두렵다. 특히 나이 들어 뭘 해본다는 것은 더 두렵다. 그 나이 때까지 뭘 하느라 공항의 구조도 잘 모르느냐고 핀잔을 들을 것 같아 눈치만 보기도 한다. 멀리서 찾을 것 없다. 마흔에 막 여행을 시작해 처음 유럽에 갈 때 내 모습이 그랬다.

기차는 선로를 따라 움직이고 선로에 따라 플랫폼이 결정된다. 한 선로를 여러 기차가 번갈아 쓰기 때문에 운행량에 비해 플랫폼의 수는 적

다. 정해진 시간에 정해진 플랫폼으로 가서 기다리면 열차가 온다. 버스는 노선이 있다. 여러 노선을 한 플랫폼이 공유하기도 하지만 기본적으로 한 플랫폼은 한 노선을 오고 가는 버스가 점유한다. 즉 정해진 플랫폼이 있다는 뜻이다.

공항은 버스터미널의 확장판이라고 생각하면 이해가 쉽다. 대신 비행기가 엄청나게 크기 때문에 공항 터미널의 규모가 크다. 버스는 비행기에 비해 크기가 작기 때문에 버스터미널은 노선이 아무리 많아도 터미널을 분리할 필요가 없지만, 공항은 노선이 많아지면 물리적인 공간의 부족으로 터미널을 분리해서 운영해야 한다. 터미널의 규모가 크기 때문에 분리된 터미널을 오가는 자체 교통수단이 따로 있는 경우가 많다. 국제공항인 경우 국내선과 국제선 터미널이 다르고, 몇 개의 터미널을 운영하는 대형 공항도 많다.

보통 공항에서 출국하는 과정과 탑승하는 과정을 살펴보자. 버스와 기차는 국내를 이동하기 때문에 보안 검색과 출입국 과정이 필요 없지만, 공항은 엄격하게 적용하기 때문에 다소 긴장된다. 탑승일에 공항 카운터에 가서 발권한다. 각국의 국적기가 주로 이용하는 자국의 공항을 허브 공항이라 하는데, 허브 공항의 국적 항공기는 당일인 경우 언제든지 발권하거나 외항사보다 빠른 시간에 발권 데스크가 열린다. 이외의 항공기는 정해진 발권 시간이 있는데, 보통 출발 3시간 전후다. 탑승권을 발권하면서 기내로 가져가지 못하는 수하물을 부치고 기내 수하물이나 백팩 등을 들고 보안 검색을 한 후 출국 신고를 해야 탑승 구역에 도달한다.

출국 신고를 한 후 탑승 구역은 국내 영토이나 국내법에 저촉을 받지 않은 공역(空域)*이다. 그래서 면세점이 있다. 직항으로 목적지까지 가지 않고 한 곳 이상 경유해서 가는 승객은 비행기만 갈아타면 되기 때문에 입국 과정을 거치지 않아도 되는 공역이 필요하다. 그러기에 모든 국제공항은 환승 구역이 따로 있고 간단한 보안 검사만 하고 탑승 구역으로 이동해 다른 비행기를 탈 수 있게 한다.

* 원뜻은 항공기의 비행에 적합하도록 통제에 의한 안전조치가 이루어지는 공중에 설정되는 구역을 말하나 여기서는 출국심사를 끝내고 탑승을 기다리는 구역이란 의미로 썼다.

탑승 구역에는 많은 게이트가 있고 정해진 시간에 비행기가 게이트로 들어오면 탑승교나 버스를 이용해 탑승한다. 승객이 다 탑승하면 관제탑의 지시를 받아 주기장에서 활주로로 이동해 이륙한 후 목적지까지 비행한다. 도착하면 출발의 역순으로 주기장으로 오고, 내려서 입국 절차를 거친다.

여행을 하려면 여권이 필요한데 특정 국가에서는 비자를 요구하기도 한다. 여권은 해당 국가가 발급한 여행자 증명서이고 비자는 입국허가서다. 대한민국 여권은 특정한 몇 개의 나라를 제외하고 전 세계 거의 모든 국가에서 비자 없이 입국할 수 있다.

입국할 때 이민국immigration에 여권을 제시하면 여행 목적, 체류 기간, 머물 호텔, 직업 등을 물어보는데 범죄 사실이 없다면 그다지 복잡한 것을 물어보지 않는다. 영어에 그리 능통하지 않다면, 왕복 티켓이 명시된 전자티켓이나 숙소 예약 사항이 기록된 바우처 등을 보여주면 된다. 무섭고 딱딱해 보이는 출입국 관리 직원들도 입국 거부자를 가려내기 위해 자기 직무에서 최선을 다할 뿐이란 것을 알아두면 두렵고 긴장된 마음을 누그릴 수 있다.

출입국과 보안 검색 절차를 제외하면, 버스나 기차로 하는 여행과 비행기를 통한 해외여행의 차이가 없다. 출입국 절차와 보안 검색 절차는 공항 곳곳에 안내되어 있고, 항공권 예매 시 나오는 전자티켓에도 잘 나와 있다.

공항은 그 어떤 교통수단 이용처보다 거대하다. 공항은 다른 교통수단을 이용할 때보다 복잡한 절차를 거친다. 그러나 알고 보면 목적지까지 이동하는 교통수단의 플랫폼이란 점에서는 비슷하다. 시설, 규모, 절차가 다를 뿐이다. 즉 전혀 다르지 않다는 뜻이다.

익숙하지 않으면 두려움이 생긴다. 나이가 들고 경험이 많아지면 해보지 않은 것에 호기심보다 두려움이 먼저 생긴다. 경험이 주는 긍정적인 기억보다 부정적인 기억이 많으면 더 조심스러워진다.

낯선 사람을 대하는 것과 여행을 하는 것은 비슷한 점이 있다. 예측이 안 되고, 익숙하지 않으며, 어떤 결론이 날지 알 수 없다. 낯선 사람을 만

나는 것보다 여행은 좀 더 예측이 가능하다. 처음 공항을 이용해서 목적지까지 가는 과정은 낯설고 어렵게 느껴진다. 조금만 찾아보면 잘 정리된 방법이 무수히 많다. 좀 더 현실적으로 생각해보면 여행에 대해 이런 형이하학적인 고민을 하는 사람이 더 많다. 이런 것까지 모르면 어떻게 하나 걱정해서 오히려 딴청을 부리기도 한다.

공항은 여행의 관문이기도 하지만 자신의 삶과 타인을 대하는 방식을 알아채는 힌트가 되기도 한다. 앞으로 살아갈 자신의 삶의 방향과 타인의 대하는 방식을 완벽하게 이해하고 살아가는 이는 없다. 대략 유추하고, 대략 겪어보고, 대략 어떻게 굴러가면서 익힌다.

문제 상황에 닥치면 해결하기 위해 생각을 하게 되는데, 기존의 지식과 논리 방법을 이용해 가장 적합한 해결책이나 답을 찾아내는 과정을 수렴적 사고convergent thinking라고 하고, 광범위한 탐색과 상상력을 발휘하여 미리 정해지지 않은 해결책을 찾는 것을 확산적 사고divergent thinking라고 한다. 수렴적 사고와 확산적 사고는 서로 달라 보이지만 상호 보완적인데 지식을 습득하고 정리하기엔 비교적 수렴적 사고가 많이 쓰인다. 특히 정형화된 시험을 잘 치르기 이해선 수렴적 사고가 필수적이다. 교과서라고 하는 체계적이고 논리적인 교재와 교사의 설명, 그리고 검증 가능한 학습법이 더해지면 공부를 잘하게 된다. 기존에 있던 상황에서 가장 정확한 답을 찾는 것은 수렴적 사고과정이 매우 효과적이다.

그러나 여행은 다르다. 기존에 검증된 것보다 새로 획득해야 할 것이 더 많다. 무수히 많은 여행기와 여행 책자 그리고 자세한 여정과 경비 정산서까지 첨부된 세밀한 여행 계획이 수두룩한데 어떻게 검증된 여행이 없다는 말인가? 검증은 되어 있다. 그러나 타인이 검증한 것일 뿐 나에게 맞는지 안 맞는지는 내가 직접 여행을 떠나봐야 알 수 있다.

시시각각 변하기에 상황에 맞는 답은 무한대로 나올 수 있다. 이런 여행 정보는 많으면 많을수록 자신감을 주는 것이 아니라 걱정과 두려움을 주기에 딱 알맞다. 여행 정보가 너무 많으면 선택 자체가 고민이 된다. 여행에 필요한 진짜 고급 정보는 현지에 있는데, 사전 정보 수집과 검토를 너무 많이 하면 여행을 하기도 전에 진이 빠진다. 숙소 주변 여행지나 좋은 식당은 숙소에서 물어보거나 숙소에 비치된 여행안내도에 훨씬 더 정확하고 확실한 정보가 있는데도 말이다. 최소한 여행에서는 공부에 필요한 수렴적 사고보다 확산적 사고가 더 요구된다.

그런데 확산적 사고를 해본 경험이 그렇게 많지 않다. 이제껏 살아오면서 예측이 안 되는 상황에 내몰려본 적이 몇 번이나 있는가? 일상을 살아가면서 확산적 사고를 해야 할 기회는 그리 자주 오지 않는다. 개혁과 혁신이 좋은 말임에도 불구하고 현실에서 잘 적용되지 않는 이유도 여기에 있다.

확산적 사고는 상상과 공상에서 출발하지 않는다. 인접한 경험과 사고 체계에서 좀 더 발전하는 형태로 나간다. 버스와 기차를 이용해본 경험이 있으면 공항도 이용할 수 있다. 확산적 사고는 수렴적 사고가 결부되어야 진정 그 힘을 발휘한다. 버스, 기차, 공항은 서로 다른 교통시설이지만, 버스터미널과 기차역과 공항의 교통 시스템은 본질이 비슷하다. 대신 규모의 차이가 있을 뿐이다. 즉 하나의 교통수단의 본질을 이해하면 교통 시스템 전체에 대한 이해를 할 수 있다. 이런 경험은 시선의 지평을

넓힌다. 이것을 가르치고 배우는 과정과 연결할 수만 있으면 살아 있는 교육이 된다. 교실에서 성공한 시스템을 확장하면 학교의 시스템을 고치는 데 도움이 되는 원리와 같다.

교육학에서 문제 해결의 논리적 사고 구조에 대해 배웠어도 실전에서 써먹을 수 있는 상황은 자주 있지 않다. 여행은 그 과정을 생생하게 경험하게 해준다.

여행의 첫 관문인 공항의 본질을 이해하는 데는 버스와 기차의 탑승 경험이 중요하다. 전혀 다른 경험이라고 생각하지만, 과거의 유사한 경험을 찾을 수 있다면 지금의 문제 상황을 해결하는 데 도움이 된다. 과거의 경험을 토대로 새로움을 추구하며 새로운 지평의 융합까지 경험할 수 있다.

여행이 별것인가? 일상이 별것인가? 별것이라 생각하면 별것이고, 대단하다 생각하면 대단한 것이다. 대단함과 별것 아님은 사실 별 차이가 없을지도 모른다. 여행과 일상이 별것이 아닌 것인지 대단한 것인지는 수렴적 사고와 확산적 사고를 어떻게 조화를 이뤄 당면한 문제를 해결하느냐에 달렸다. 그것이 익숙하면 별것 아닌 것도 대단한 것으로, 대단한 것도 별것 아닌 것으로 여길 수 있게 된다.

사고체계는 문제 해결에 목적이 있다. 문제 해결은 행동으로 나온다. 사고체계가 유연하다는 건 행동을 유연하게 하고, 행동으로 얻은 체험은 다시 사고체계를 공고히 하는 데 쓴다. 공고해진 사고체계는 유연하게 작동한다. 역설적인 상호작용이 늘 여행 속에서 일어난다.

여행에서 가장 어려운 미션,
첫날 첫 숙소 가기

비행기를 타고 가서 가슴 졸이는 입국 절차를 마치고 수하물을 찾고 나면 다시 긴장이 찾아온다. 숙소를 찾아가야 하기 때문이다. 택시를 타면 가장 쉽게 갈 수 있다. 그러나 무슨 자존심인지 좀체 택시를 타지 않는다. 비싼 요금은 둘째 치고 택시 기사와 영어로 목적지를 말하고 소통해야 하는 것도 부담되지만, 첫날 숙소를 가기 위해 택시를 타면 마지막 날 돌아올 때도 타야 한다.

그러고 보면 길을 찾을 때는 물어보는 걸 주저하지 않으면서 택시를 잘 타려 하지 않는 나 자신이 나도 이해가 잘 안 된다. 대중교통이 있는데 굳이 필요 이상의 경비를 지불하고 싶지 않은 마음이 더 크기 때문일 것이다. 그래도 도착한 시간이 너무 늦어 대중교통이 없으면 택시를 이용해야 한다. 그래서 항공편을 예약할 때 될 수 있으면, 해가 있을 때 도착하는 것을 원칙으로 한다.

택시만큼 편리한 것이 공항 픽업 서비스다. 이건 숙소를 예약할 때 비

용을 미리 지불하면 된다. 택시도 잘 타지 않는 나는 택시비만큼 나가는 공항 픽업 서비스도 잘 이용하지 않는다. 가끔 공항 가까운 호텔이라 무료 셔틀버스를 제공하면 정말 좋지만, 공항이 가까운 만큼 시내가 멀어 일장일단이 있다. 요즘은 현지에 도착하자마자 유심USIM을 사서 무선인터넷으로 구글 지도를 보며 찾아갈 수 있어 편리하다.

숙소를 예약하고 나면 공항에서 숙소까지 길을 살펴본다. 어디서 버스를 타고 어디에서 내려 어떻게 가야 하는지 가상으로 가본다. 한 번에 가면 가장 좋은데 그렇지 못하고 공항철도나 버스를 번갈아 타야 하면 마음의 부담이 더 간다. 인터넷을 샅샅이 뒤져 먼저 숙소를 이용해본 사람들의 후기와 가는 방법을 찾아본다. 필요하면 인쇄해서 가지고 간다.

공항에서 나오면 그때부터 초긴장 상태가 된다. 백팩을 메고 캐리어를 손에 쥐고 한 손엔 숙소까지 가는 약도를 들고 버스나 공항철도를 탄다. 이국적인 풍경이 펼쳐지지만, 눈은 오로지 노선도에 꽂혀 있고, 귀는 정차장을 알리는 안내 멘트에 고정되어 있다. 영어면 그나마 알아듣기 수월한데 스페인어, 이탈리아어로 나오면 더 집중해야 한다. 러시아어는 알아듣기도 어려운데 알파벳이 아닌 키릴문자라 정류장을 더 부릅뜨고 쳐다본다.

숙소 근처의 역이나 정류소에서 내려 숙소까지 찾아가는 것은 더 어렵다. 비싸고 큰 호텔을 예약하면 멀리서도 잘 보이지만, 숙박비를 아끼고 아껴 예약한 곳이 한국인은 잘 다니지 않는 숙소이거나 간판이 조그맣게 적혀 있는 숙소가 대부분이다. 꼭 숙소 근처에서 길을 잃어 현지인들에게 도움을 요청하는데, 이때는 구글 지도를 봐도 안 나오는 경우가 더 많다. 숙소 근처까지 온 것은 분명한데, 입구까지 안내해주지는 않기 때문이다. 그렇게 우여곡절 끝에 숙소를 찾아 체크인을 하고 방을 배정받아 짐을 내려놓는 순간 마음의 커다란 짐 하나도 내려놓는다. 여행의 반을 해치운 느낌이다.

다른 도시로 이동할 때까지는 숙소를 바꾸지 않는다. 도시를 이동해 다음 숙소로 이동할 때는 첫날 첫 숙소를 가는 것보다 부담이 덜하다. 따지고 보면 여건이 별반 다른 것은 없다. 입국 절차만 안 밟았을 뿐이지 이동해서 가는 도시도 인생에 처음으로 가보는 곳이다. 그런데 왜 부담이 덜할까? 아마 첫날을 준비하며 수없이 많이 했던 머릿속 시뮬레이션을 덜 하기 때문일 것이다.

귀국을 위해 돌아오는 길은 정말 쉽게 찾아온다. 단 며칠을 지냈을 뿐인데 이동에 필요한 교통수단과 방법이 체득되었기 때문이다. 이 골목을

지나 길을 건넌 후 몇 번 버스를 타고 어디서 내려 공항철도나 지하철을 탄 후 어디에 내려야 할지 알고 있다. 올 때보다 갈 때 시간이 더 단축된다. 길을 헤매지도 않고 두리번거리지도 않는다. 자리에 앉아 창가를 내다보며 처음 올 때 보지 못했던 풍경을 감상한다. 풍경은 원래 그 자리에 있었다. 그걸 볼 수 있는 여유가 없었던 것이다.

나이가 들수록 부족해지고 사라지는 것이 있다. 바로 호기심이다. 하늘 아래 새로운 것이 없다고 생각한다. 그동안의 경험으로 지금 사는 데 지장이 없으면, 어제와 같은 일상을 오늘 살아가는 데 불편함이 없으면, 새로 무언가를 배우고 접해야 할 이유를 찾지 못한다.

호기심이 사라지면 익숙함만 남는 것이 아니다. 호기심이 사라진 자리에는 권태가 남는다. 권태는 자라서 마음과 몸을 장악하고 변화에 대항해 싸운다. 권태가 가장 무서운 점은 권태 그 자체보다 변화를 수용하지 않는 데 자신의 거의 모든 에너지를 다 쓴다는 데 있다.

'괜찮아. 별거 없어. 그게 그거야.'

밋밋해 보이는 일상을 살아가는 것은 깊숙하게 자리잡은 권태의 결과라고 생각하지만, 사실은 일상의 진면목을 간과하기 때문이다. 하루하루를 열정적으로 사는 것도 쉽지 않지만, 일상을 유지하는 것도 쉽지 않다. 일상은 소소하고 작지만, 변화와 개선이 늘 요구된다. 겉으로 드러나게 변하지 않아도 조금씩 변한다. 날이 갈수록 새로워진다는 일신우일신(日新又日新). 열정적인 삶의 결과물이 아니라 일상의 작은 변화의 누적으로 발현된다.

첫날 첫 숙소로 가는 것은 나도 모르게 젖어 있던 일상의 권태를 발견하는 순간이다.

말이 잘 통하지 않는 것과 길을 모르는 상황은 두려움마저 가져온다. 늘 출퇴근을 해왔고 내비게이션으로 전국 어디든 다닐 수 있지만, 외국의 대도시 한복판에서 숙소를 찾지 못해 이리저리 움직이고 있는 내 모습은 낯설다. 초등 영어 교과서에는 길을 묻고 찾는 기본적인 내용이 나온다. 그걸 가르쳤지만 정작 첫 숙소를 찾지 못해 허둥대는 내 모습이 낯설다. 구글 지도로 도움을 받아 숙소에 도착하지만 출입구를 찾지 못해 허둥대기 일쑤였다. 결국 마지막엔 도와줄 만한 현지인이나 경비원이라도 붙잡고 손짓, 발짓으로 물어봐야 한다.

여행이 아니라면 이런 우왕좌왕과 좌충우돌은 거의 하지 않는다. 여행지의 달라진 환경에 적응하기 전까지는 어떤 지위와 권위가 있던지 간에 거기선 어리버리한 한 명의 여행객일 뿐이다. 평소의 권태가 얼마나 일상적이었는지 보여준다.

'열심히 하면 되는 거다.'

'왜 안 되느냐?'

'정성과 노력이 부족한 것이 아니냐?'

권태가 쌓이면 말과 행동을 함부로 한다. 혹여 같이 간 동행이 길을 못 찾아 헤맨다면 기다려줘야 한다. 길 찾기에 능숙하여 동행의 어려움을 해결해주지 못한다면 말이다.

숙소 찾아가는 길 찾기는 나의 권태로움을 털어내는 과정이다. 준비는 착실히 하되 안 되면 물어야 한다. 낮은 자세로 겸손하고 예의 바르게 물어야 한다. 나를 도와준 그가 누구이든 상관없이 감사를 표현해야 한다.

평소에 나도 모르게 묻은 권태로움에서 벗어나면 드디어 호기심을 찾는다. 이국적인 풍광과 아름다움은 그때서야 발견한다. 호기심을 가진 아이처럼 이리저리 둘러보며 즐거워한다.

혼자 하는 여행의 매력

난 혼자 여행하는 경우가 많다. 제자랑 가족이랑 여행을 하기도 했지만, 기본적으로 혼자 다니는 것과 별반 다름없다. 같은 곳을 여행하고, 함께 지내지만 보는 것에 대한 생각이 다르고 무엇보다 밤이나 새벽에 혼자 깨어 있을 때가 많아 더욱더 혼자 여행하는 기분이 든다. 이동과 숙소만 함께할 뿐이다.

나에게 여행은 혼자를 더 혼자스럽게 하는 기간이다. 여행은 대단하고 특별한 일을 하는 것이 아니다. 자고, 이동하고, 보고, 쓰고, 기본적인 생리 활동을 해결하는 과정의 연속이다. 일상이 타인과 함께 하는 일이 많다면 여행은 혼자 시간과 공간을 점유한다. 일상의 고단함과 관계의 혼재에 힘들어하는 사람들은 혼자만의 여행을 동경한다.

"같이 가고 싶어요."

여행에 관한 이야기를 나누다 보면 나와 함께 미술관 여행을 하려고 하는 이도 많다. 그러나 현실로 이뤄지는 경우는 거의 없다.

"같이 가요."

여행을 꿈꾸는 많은 이들에게 청해봤다. 상대도 여행하고 싶어 하지만, 쉽게 이뤄지지 않는다. 일정이 안 맞아서 못하기도 하고, 서로 추구하는 여행의 방향이 다른 경우가 대부분이다. 여행의 방향이 다르면 함께하기 어렵다. 한 사람은 느긋하게 풍광을 즐기고 싶어 하는데, 다른 사람은 조금이라도 많은 것을 보려고 한다면 필연적으로 여행은 서로에게 힘든 일이 된다. 어떤 여행이 맞고 틀린 것이 아니라 여행은 각자 살아온 방식과 추구하는 이상을 실현하는 과정이라 서로 다른 이가 함께 여행하려면 엄청난 노력이 필요하다.

나는 타인에 비해 비교적 자유스럽다. 교사라 방학이라는 여유의 시간도 있고, 여행을 다닐만한 수입도 있다. 자식은 하나에 고등학교 때부터는 기숙학교에 다녔고, 아내는 장학사라 엄청 바쁘거니와 여행할 시간 자체를 맞추기가 어려웠다. 무엇보다 미술관을 위주로 대도시만 다니는 특이한 여정 탓에 남자 친구들은 다들 관심이 없었다. 하긴 이곳저곳 여행을 다녀 봐도 중년의 남자가 혼자 미술관에서 사진 찍으며 온종일 보내는 경우를 보지 못했다.

쇼핑을 즐기거나, 특별한 오락 활동을 하지도 않는다. 뮤지컬을 가끔 보긴 하지만 오페라와 같은 유명한 공연을 즐기지도 않는다. 숙소는 가장 저렴하게 잡고, 현지에서만 맛볼 수 있는 특이한 음식을 먹는 것보다 라면과 즉석밥에 김치를 먹는 걸 좋아한다. 하루에 한 번이라도 한식을 먹지 않으면 힘들다.

혼자만의 여행을 하다 보면 자신이 어떤 사람인지 생각해보게 된다. 온종일 하는 일이라곤 자신을 위해 하는 일뿐이기 때문이다. 사람들은

자기가 어떤 사람인지 궁금해한다. 타인에게 자신이 어떻게 비치는지 궁금해한다. 자신만의 독특한 정체성을 가지려고 노력하면서 타인과 융화되어 무던하게 보이기를 원하는 이중적인 잣대를 가진다. 혼자만의 시간은 자신을 돌아보고 이런 이중적인 정체성의 잣대에 대해 고민해보는 기회가 된다.

나부터 생각해보자. 남들이 나에 대해 생각하는 여러 가지 상이 있다. 내가 원하든 원하지 않든 상대는 나를 평가한다. 이걸 들어보기 쉽지 않지만, 살아가며 가끔 타인이 내리는 나에 대한 평가를 들을 기회가 온다. 들어보면 평소에 생각하던 나의 모습과 맞는 것도 있고 아닌 것도 있다.

내가 생각하는 것보다 더 과장되게 알고 있는 것도 있고, 내가 중요하게 생각하고 있는 나의 모습을 알지 못해 간과하는 부분도 있다.

내가 표현하는 희로애락의 감정은 타인이 인식하는 나의 모습이 된다. 의식하고 표현하든 무의식적으로 표현되든 상관없다. 내가 인식하지 못한 상황에서 표현된 나의 감정은 상대에게 전달되어 나의 모습으로 각인시킨다. 내 안엔 내가 모르는 여러 가지 모습이 존재한다.

내가 생각하는 나의 모습과 타인이 생각하는 나의 모습이 다르면 혼란스럽다. 내가 생각하는 것보다 타인의 평가가 높거나 긍정적이면 다행이지만 그렇지 못하면 더욱더 혼란스럽다. 그렇다면 왜 이런 일이 벌어질까? 현실은 늘 타인과 관계하며 살기 때문이다. 여기서부터 삶을 살아가는 숙제와 문제가 다 나온다.

　타인과 관계를 맺으며 긍정적인 자신의 정체성을 찾고 유지하려 하지만 쉽지 않다. '어떻게 관계를 맺고 유지할 것인가?' 더 나아가서는 '어떻게 하면 잘할 것인가?'에 대한 숙제를 안고 산다. 늘 정체성에 대해 고민하나 정작 당면하고 직면하는 문제는 타인과의 관계에서 벌어진다. 혼란스럽고 찾기 어려울 것 같은 자신의 정체성은 여기서 나온다.

　한번 상상을 해보자. 자신의 모습을 뭔가 둥그런 모양이라 생각해보자. 다른 모양을 가진 타인과 맞닿으면서 서로를 맞춘다. 어떤 이는 둥근 모양이긴 하나 톱니가 있고, 어떤 이는 둥근 모양이긴 하나 톱니의 이빨이 빠져 있다. 아예 둥근 모양이 아니라 비대칭 모양을 가진 이도 보인다. 사람의 지문이 다르듯 사람의 모습과 풍기는 분위기는 각양각색이다. 거기다가 모양을 유연하게 바꾸는 이도 있고 한번 정해진 틀을 유지하는 이도 있다. 이런 둥근 모양은 둥글다는 것만 정해져 있을 뿐 색깔과 크기, 질감과 강도는 각양각색이다. 거기다 서로 맞닿아서 돌아간다. 색깔과 크기가 달라도 결이 맞으면 맞추거나 돌아가기 쉽지만, 딱딱하고 경직된 원을 만나면 맞춰지지 않거나 돌아가지 않는다. 이럴 땐 형태가 정해지지 않으면서도 부드러운 외형을 가진 모양이 필요하다.

　가끔 기각 막히게 타인과 모양을 잘 맞추는 이를 만난다. 자신의 모양을 변형해가며 타인의 모양과 맞추는데 모양을 변형시키면서도 원래 가진 틀 자체는 유지하는 신공을 보여준다. 시시각각 적재적소에서 다양한 모양을 만들면서도 원형을 유지한다. 타인의 의견을 포용하고 남과 사이 좋게 지내기는 하지만 자기의 중심과 원칙에 어긋나지 않는다는 화이부동(和而不同)의 경지다.

부럽기 그지없는 그는 어떤 모양을 하고 있을까? 24단 기어가 장착된 자전거의 바퀴 같다. 힘들면 저단 기어로 바꾸고 속도가 붙으면 고단 기어로 옮긴다. 속도에 맞게 기어를 바꾸듯 어떤 상황에도 자신의 형태를 맞춘다. 그럼 24단 기어 중 어느 것이 그의 모습인가? 전부다. 기어를 가면으로 바꾸어 생각해도 된다. 우리는 타인을 대할 때 한 가지 얼굴이 있는 것이 아니라 여러 개의 얼굴로 각기 다른 타인을 대한다.

하지만 자신의 기어가 많고, 펼쳐 보일 수 있는 가면이 여러 장이라도 못 쓰는 경우가 있다. 기어의 톱니가 서로 균질하지 않아 어떤 기어로 변경해도 삐거덕 거리거나 상황에 맞는 가면을 어떻게 써야 할지 몰라 만지작거리기만 할 뿐 정작 쓰지 않는 경우다.

기어나 가면이 맞지 않으면 쉽게 타인을 탓한다. 그러나 타인을 탓할 것이 못 된다. 물론 상태가 안 좋은 타인은 늘 존재한다. 균질하지 못한 톱니를 가지고 우기기도 하고 상대에 맞는 가면을 제대로 사용하지 못해 우스꽝스러운 모습을 본인만 모른다. 근데 그 헛짓하는 이가 나 자신일 수 있음을 인정해야 한다.

혼자 하는 여행의 진짜 묘미는 여기에 있다. 난 평소에 어떤 기어와 가면을 가지고 타인을 대해 왔는지 자신을 돌아보는 시간을 가진다. 길을 걸으면서, 낯선 곳에 앉아 차를 마시면서도 아름답고 이국적인 풍광을 보거나 미술관에 있는 그림을 보면서도 결국 자신의 이야기로 귀결한다. 평소에 생각하지 못한 것, 생각하더라도 피상적인 무언가를 끊임없이 생각하고 파고들 좋은 기회는 혼자 하는 여행에서만 느낄 수 있는 묘미다.

결항의 추억

여행을 시작하는데 비행기가 제시간에 출발하지 않으면 짜증이 난다. 그러나 운항스케줄 자체가 취소되어 버리는 결항에 비하면 아무것도 아니다. 그것도 외국에서 국적기가 아닌 상태에서 결항이 되면 더 당황한다. 2011년 뉴욕에 다녀올 때 결항을 처음 만났다. 그나마 다행이었던 건 기체 결함으로 결항했기 때문에 항공사에서 숙박과 식사 서비스를 받을 수 있었다. 하지만 2018년 시카고에 갈 때 도쿄에 내린 폭설로 공항 전체가 폐쇄되어 결항했을 땐 눈앞이 캄캄했다.

12시경 도쿄에 도착했을 때 비가 조금씩 오더니 점점 많이 내렸다. 오후 6시경 탑승 시간이 되어 평소와 다름없이 아메리칸항공의 시카고행 비행기에 순서대로 순조롭게 탔다. 탑승하기 위해 브리지를 건너는데 비는 눈으로 바뀌었고, 계류장과 활주로에는 눈이 쌓이고 있었다.

'와, 눈밭을 헤치며 이륙하는 모습을 볼 수 있겠군.'

아무 생각 없이 아이 같은 희망을 가지고 탔다. 보딩패스를 받을 때 비

상구 자리를 얻었는데 앉아보니 옆자리가 빈 큰 행운을 만났다. 탑승하고 긴장이 풀려 솔솔 잠이 들었다 깨었는데도 비행기가 멈춰서 있었다. 한 시간 두 시간이 지나도 출발할 기미는 없고 공항은 온통 눈밭이 되어 있었다.

비행기는 마침내 계류장을 벗어나 활주로로 나가다 멈춰 섰다. 그동안 쌓인 눈의 무게 때문에 날개와 동체에 쌓인 눈을 털어내는 작업을 했다. 그사이 활주로가 얼어붙어 비행기는 다시 계류장으로 들어갔다.

승무원들은 참 친절했고, 승객들도 지연에 대해 동요하지 않고 기다리고 있었다. 난 시카고가 환승지가 아닌 최종 목적지라 늦게 출발해도 도착만 하면 된다고 스스로를 안심시켰다.

밤 11시 30분. 비행기에 탑승하고 6시간이 지난 뒤 결항이 결정되었다.

우려가 현실로 다가왔다.

'어떻게 해야 하지?'

주위를 둘러봤다. 비행기에서 내려 브리지를 나가는데 한 청년이 보였다. 한국인이었다. 천군만마를 얻은 기분이었다. 볼티모어 존스홉킨스대학교에서 공부하는 대학원생 김민수라고 소개한다.

결항이 되었기에 실었던 수하물은 한참을 기다려 다시 찾았다. 겨우 아메리칸항공 카운터로 가보니 다음날 오전 8시에 다시 오라고 한다. 공항은 아수라장이었다. 우리뿐만 아니라 모든 항공편이 결항되었고, 공항에는 직원들이 나와 침낭과 식수 그리고 비상식량을 나눠주고 있었다.

갑자기 전화가 왔다. 영어로 내 이름을 부르더니 어디 있냐고 물었다. 민수 씨가 전화를 받아 상황을 들어보니 짐이 바뀌었다는 것이다. 황급히 캐리어를 들고 오느라 비슷하게 생긴 다른 사람의 것을 가지고 온 모양이다. 황급히 항공사 카운터에 가니 내 캐리어가 있었다. 실수로 들고 간 캐리어를 다시 보니 내 것과 색깔과 모양 심지어는 결박한 띠 색깔도 같았다. 정말 죄송하고 미안하단 사과와 함께 캐리어를 바꿨다. 그나마 캐리어에 태그를 달아 이름과 연락처를 적어놓았기 망정이지 큰일 날 뻔했다.

수많은 사람이 예정에도 없던 노숙을 해야 했기에 그나마 좋은 자리를 차지하려 발버둥을 쳤다. 내가 캐리어를 다시 바꿔오는 동안 민수 씨는 괜찮은 자리를 잡으러 갔다.

식당은 초만원이어서 지하에 있는 편의점에 가서 요깃거리를 샀다. 이미 거기도 미어터졌다. 판매대에 물건은 쓰나미에 쓸린 것처럼 차례로 사라지고 없어서 라면과 빵, 커피를 사 들고 왔다. 벌써 시간은 새벽 2시

가까이 되었다. 국제선 카운터에서 한참 떨어진 국내선 이동구역 쪽으로 옮기니 다소 한산했다. 민수 씨와 저녁을 먹으며 이런저런 이야기를 나눴다. 내일 비행편은 6시 출발하는 같은 시간이라 오전에 도쿄에 있는 서양사미술관을 가보기로 했다.

그런데 결항 때문에 새로 예약된 비행편에 문제가 생겼다. 원래는 도쿄에서 시카고로 바로 가는 직항편이었는데, 도쿄에서 댈러스를 거쳐 시카고로 들어가는 스케줄이 메일로 왔다. 도착 시간은 더 늦고 댈러스에서 환승 시간이 1시간 30분밖에 되지 않아 안 그래도 까다로운 미국 입국 심사를 고려하면 시카고 연결 항공편을 타지 못하는 수도 생길 판이었다. 내일 카운터에 가서 바꿔야 한다. 볼티모어까지 가는 민수 씨는 날

짜만 바뀐 정상적인 항공 스케줄이 왔다.

나리타공항에서의 노숙은 쉽지 않았다. 흰한 불빛, 지나다니는 사람들, 바닥에서 차오르는 겨울 냉기는 중년의 몸이 얇은 침낭 하나로 버티기엔 너무 힘들었다. 한두 시간 지났을까? 잠을 깨어 국제선 출발 카운터로 가봤다. 거긴 더 아수라장이었다. 평평한 곳이면 어디든지 사람들이 누워있었다.

'아차, 발권하는 것도 쉽지 않겠구나.'

아메리칸항공에서 직접 예약한 민수 씨와는 달리 난 인터파크투어에서 예약했고, 업무시간이 되기 전까지는 상담을 할 수 없었다. 아무리 빨라도 업무가 시작되는 오전 9시에 연락해서 최대한 빨리 보딩패스를 받고 수하물을 보내야 그나마 도쿄 시내에 나갈 수 있었다. 나리타공항은 일본항공의 허브공항답게 전날부터 결항 승객의 발권이 되고 있었다. 나리타공항에서 아메리칸항공의 최초 비행편은 오전 11시 30분이다. 이것이 뭘 뜻하냐 하면 발권 카운터는 8시 30분에야 열린다는 뜻이다.

어제의 결항으로 발권 카운터가 있는 3층은 발 디딜 틈 없이 사람들이 꽉 차 있었고 결항이 되던 시점에 이륙하는 아메리칸 항공편은 모두 태평양을 횡단하는 대형기였다. 거기다 발권 카운터는 E 구역뿐이었다.

머리를 굴려야 한다. 어제 수하물을 잘못 찾아가는 바람에 1층에 아메리칸항공의 작은 카운터가 있는 걸 확인했다. 항공편 변경만 하면 되니 거기서 도전해도 될 듯했다. 문제는 한 번 선택을 잘못하면 낙동강 오리알 신세가 된다는 점이다.

아침 7시가 되기 전에 E 구역 발권 카운터로 갔다. 아니나 다를까 어마어마한 줄이 카운터가 열리기도 전에 늘어섰다. 그중 아메리칸항공의 줄이 가장 길었다. E 카운터 양쪽으로 비즈니스와 일반석 줄이 생겼는데 나중에는 구별도 없이 엉켰다.

자, 지금부터 실전이다. 9시가 되어 발권 카운터가 열렸어도 줄은 줄어들지 않고 더 늘어났다. 민수 씨도 걱정되긴 마찬가지다. 예약은 되어 있지만, 무인 발권하는 키오스크에는 예약 사항이 나오지 않았다. 아직 확정되지 않은 여행 편이란 뜻이다.

"일 층 가서 아메리칸항공사 카운터에 가볼게요."

민수 씨는 캐리어가 3개나 되었기 때문에 내가 일 층으로 내려가 봤지만, 9시가 넘어도 직원은 오지 않았다. 알고 보니 모든 직원이 비상사태라 발권 카운터에 붙어 있었기 때문이었다. 다시 3층 발권 카운터 줄로 간다. 하루 동안 도쿄에 있어야 하기 때문에 100달러를 엔화로 환전했다.

난 줄을 서 있던 민수 씨와 바통터치를 하고 민수 씨는 국제전화로 미국 아메리칸항공사에 전화를 해서 발권을 확정하러 갔지만, 그 역시 실패했다. 줄은 줄어들지 않는다.

9시가 되자마자 인터파크 앱을 열어 발권 문의를 했다. 천만다행으로 나리타공항은 무료 와이파이가 지원되었다. 그러나 사용자가 너무 많아서 그런지 가끔 끊어졌다. 인터파크 여행 담당자는 도쿄-시카고 노선으로 빨리 바꾸기 위해 아메리칸항공 한국지점에 연락한다고 한다. 기다리는 시간이 길어졌지만, 줄은 점점 줄고 있었다. 줄이 줄어 카운터에 가기 전에 일정이 바뀌어 있어야 한다. 이 북새통에 발권 카운터에서 일정을 바꾼다는 건 불가능에 가깝다.

마음을 비운다. 그래도 출발 시간은 오후 6시 20분이니 가장 빨리 시내로 나가는 스카이라이너 타고 가면 미술관에 갈 수 있을 것 같았다. 드디어 인터파크에서 정상적으로 일정을 바꿨고 예약번호도 받았다. 점점 줄이 없어지는 속도가 나서 10시 반이면 보딩할 수 있을 것 같았다.

그런데 문제가 발생했다. 10시 50분 우리 순서가 되어 발권을 하려는데 갑자기 우리 쪽을 담당하던 직원 컴퓨터가 오작동한다. 정말 쉽게 넘어가는 것이 없다. 전 직원이 풀가동 중이라 서로 도와줄 수 없는 상황에서 우릴 담당하던 직원은 어쩔 줄 몰라 한다.

"괜찮으니 천천히 하세요."

뭐 어쩌겠는가? 천재지변 때문에 생긴 결항이 그들 책임도 아니고, 마침 우리 차례에서 컴퓨터가 고장 난 것도 막을 수 없는 일 아니겠는가? 우리가 보딩패스를 받고 짐을 보내고 나니 11시 50분이었다. 새벽부터 수하물을 부치고 발권하는 데 4시간 50분 동안 서 있었더니 피곤이 몰려온다.

"출국 수속하고 탑승 구역으로 가서 쉽시다." 민수 씨에게 제안한다. 그도 지치긴 마찬가지. 도쿄 시내에 있는 미술관 가려고 아껴둔 교통비와 체재비를 대신해서 맛난 것을 먹으러 간다. 마침 탑승 구역에는 회전초밥집이 있다.

"양껏 드세요. 오늘은 제가 살게요."

미안해하는 민수 씨에게 이렇게 말한다.

"아직 민수 씨 학생이에요. 나중에 제 나이가 되었을 때 이런 인연을 만나면 또 베푸시면 됩니다."

26살 민수 씨와 47살의 나는 나이 차와 상관없이 전우애가 생겼다.

"맥주 한잔하실래요?"

당시 간 수치가 높아 술을 마시면 안 되는데, 그날만은 특별히 금기를

깼다. 회전초밥에는 생맥주를 한잔해야 제격이다. 초밥과 생맥주 한 잔. 나에게 술은 허락되지 않았지만, 목구멍을 넘어가는 맥주의 차가움은 온 신경에 생생한 생명력을 불어넣어 주는 것 같았다.

　존스홉킨스대학원에서 바이오와 그와 관련한 통계를 배워 병원행정을 공부한다는 민수 씨의 이야기를 다 이해할 수 없었지만, 고등학교 때부터 유학 와서 지낸 일화들을 들을 수 있는 소중한 기회였다.

　"조급해하지 마세요. 40살 이전까지는 연습이라고 생각하세요. 이미 잘하고 있고 앞으로도 잘할 겁니다."

　나무젓가락 두 개를 가지고 조급함에 대한 설명도 해준다.

　"나보다 앞서 나가는 또래 친구들을 옆에서 보면, 그들의 성취에 좌절감을 느낄 거예요. 아니면 반대로 우월감을 느끼던지, 하지만 그 위에 있는 이들이 그들을 보면 크게 차이 나지 않아요. 대신 함께 일을 할 수 있는 자질 중 태도가 되는지 검증하죠."

"이미 능력이라는 기본 자질이 된 사람들이라면, 그다음은 태도를 봅니다."

한 시간을 훌쩍 넘겨 천천히 식사를 마쳤다.

"이것도 인연인데, 우리 사진 한 장 찍어요."

20일 만에 마신 맥주 한 잔 덕분인가? 피곤했던 몸이 기분좋게 풀어지면서 에너지가 솟는 기분이었다.

"커피는 제가 사겠습니다."

출국 심사를 마치고 어제 가봤던 환승 구역 82번 근처의 베드 소파 쪽의 커피숍으로 가서 한 잔 얻어 마신다. 이미 베드 소파는 다 찼고 운 좋게 한 자리를 얻어 둘이서 앉은 채로 고꾸라졌다. 어제 바닥에서 덜덜 떨었더니 탑승 구역에 있는 베드 소파는 특급호텔 침대가 부럽지 않았다.

전쟁 같은 이틀을 나리타공항에서 보내고 시카고행 AA 154 보잉 787편은 순조롭게 탑승이 이뤄지고 정시에 출발했다.

살다 보면 비행기가 아니라도 지연과 결항은 늘 있는 일이다. 처음 겪었을 땐 크게 당황했지만, 두 번째는 조금 나았다. 이유는 간단하다. 누굴 원망하거나, 책망하기 이전에 벌어진 사태를 받아들이고 무엇을 해야 할지 찾아보면 답이 나오기 때문이다.

경유 항공권은 목적지까지 보딩패스를 주는 경우가 대부분이다. 목적지까지 보딩패스가 발권되었다는 건 항공사가 끝까지 책임지고 목적지까지 데려다주겠다는 뜻이다. 항공사는 이런 경우에 다른 연결 항공편을 제시하거나 다른 항공사 연결편으로 안내를 해주기도 한다.

그러나 천재지변으로 결항이 발생하면 공항은 재난지역이나 마찬가지다. 다행히 다음날 날씨가 좋아 이착륙이 가능했기에 늦었지만 시카고로 떠날 수 있었다.

충분한 계획을 세우고 여행을 하지만 환경은 시시각각 바뀔 수 있다는 걸 새삼 느낀다.

작품아! 네가 날 감동시켜봐

난 가끔 미술관에서 그림 보는 걸 마실('이웃에 놀러 다니다'란 방언) 간다고 한다. 난 여행을 다니기 전까진 미술관 다니는 취미가 없었다. 수없이 많이 본 영화는 미술품을 보는 안목에 도움을 줬다. 우연한 기회에 찾은 미술관에서 미술품을 보는 안목을 발견했다. 사실 영화의 로케이션 장소는 유명한 여행지가 대부분이다. 영화 속 장면이 눈앞에 펼쳐지니 영화에서 본 구도만 맞춰도 좋은 사진이 나왔다. 구도를 보는 눈은 미술관에서도 통했다. 좋은 그림은 좋은 구도를 가지고 있었다. 그런 그림을 찾는 것도 재미있었다. 자연스럽게 미술관은 내게 재미난 놀이터가 되었다. 그림 보는 건 일종의 사냥과 같다. 총 대신 사진기를 들고 마음에 드는 그림을 찾으러 다닌다.

사람들은 왜 미술관을 어려워할까? 감상이란 단어를 검색해보면 한자가 다른 두 가지 뜻이 있다.

감상(鑑賞) 주로 예술 작품을 이해하여 즐기고 평가함.

감상(感想) 마음속에서 일어나는 느낌이나 생각.

보통 작품에 대한 감상이라고 하면 鑑賞을 생각한다. 鑑賞을 잘하기 위해 미술과 작품에 대한 공부를 많이 해야 예술에 대한 진면목을 볼 수 있다고 생각한다. 맞는 말이다. 그러나 '아는 것이 없으면 예술 자체의 아름다움을 볼 수 없다'고 생각한다면 미술을 즐기는 데 걸림돌이 되는 말이기도 하다.

아름다운 장미꽃을 생각해보자. 붉고 싱싱하며 탐스러운 장미꽃을 보고 아름답다고 느끼고 생각한다. 그렇다면 장미꽃의 채도와 색상의 아름다움에 대한 역사적이고 과학적인 분석이 있어야 아름다움을 느낄 수 있는가? 아니다. 장미꽃은 그 자체로 아름답다. 지식과 분석은 좀 더 살펴보기 위해 필요한 것이지 즐기기 위해 꼭 필요한 것은 아니다.

나 역시 미술에 대한 사전 지식 없이 관람부터 시작했지만 별문제가 없었다. 바로 感想을 먼저 했기 때문이다. 鑑賞이 아름다움에 대한 논리적 접근이라면, 感想은 아름다움에 대한 직관적 접근이다. 나의 직관적 감상에 힘을 실어준 사람은 인상파 화가들의 지지자였던 에밀 졸라다.

적당한 소양을 갖춘 평범한 사람 열 명을 데려다가 새롭고 독창적인 그림 앞에 앉혀두면 그들은 어린아이처럼 행동할 것이다. 즐거워하면서 자기들끼리 그림에 대한 재미있는 담소를 나눌 것이다. 그들은 어린아이가 그림책을 들여다보는 것과 같은 방식으로 그림을 감상할 것이다. 하지만 스스로 교양인이라고 생각하거나 전통적인 미술교육을 받아온 사람들은 자신들이 아는 원칙과 관람의 관습에 부합하지 않는 새로운 미술에 대해 분개한다. 이들은 선입관을 버리고 그런 그림을 들여다보는 노력은 도통 하지 않는다. 교육받지 못한 사람들은 아무것도 이해하지 못하며 교육받은 사람들은 지나치게 비교하는 데 치중한다. 교육을 받았건 받지 않았건 이들은 모두 그림을 '볼' 줄 모른다. 따라서 어떤 사람은 즐거워하는 반면 어떤 사람은 화를 내게 된다. 독창성이란 사람들을 혼란스럽게 한다.

- 위치우위의 『유럽문화기행』 중에서

　　인상주의 화가들에 대한 당대의 악평에 대한 에밀 졸라의 관찰을 담은 이야기다. 에밀 졸라의 견해에 따르면, 난 전문가는 아니지만, 무지인도 아닌 교양인이다. 그 이유는 무엇인가? 이미 초중고를 거치면서 미술책에 담긴 그림을 봐왔다. 광고나 영화는 예술 작품을 차용한 것도 많았다. 커피전문점 엔제리너스의 간판에 있는 천사 날개도 라파엘로가 그린 천사에서 착안한 것이다. 미술과 그림에 대해 모른다고 생각했지만, 의외로 감상이나 예술적 체험의 경험이 전혀 없지 않았다.

　　'아는 만큼 보인다'는 말은 맞는 말이다. 그렇다면 얼마나 알아야 그림을 볼 수 있을까? 미술관의 숫자는 상상하는 것보다 더 많다. 외국의 큰 도시 어디를 가도 미술관이 있다. 작지 않은 이상 미술관이라 이름 붙여지면 작품의 수도 상당하다. 미술관에 소장된 작품이라면 어중이떠중이 작품은 아닐 것이다. 내가 모를 뿐이지 작품이나 작가마다 사연과 곡절이 없지 않다. 알아야 할 것이 너무 많아 수용하기 힘들다면 일단은 그냥 작품을 보는 걸 먼저 하면 어떨까?

　　좋은 것이 많이 있으면 그중에 더 좋은 것을 찾으려 하듯, 미술관의 수

많은 작품 중에서 그래도 괜찮은 작품을 찾으려 한다. 명작(名作)과 수작(秀作)을 보려고 한다. 그걸 찾기 위해 미술관에 가면 숨은그림찾기를 하듯 안내도에 표시된 대표작을 찾으러 다니는 사람도 많다.

　명작과 수작을 나누는 나만의 기준이 있다. 설명을 들어 좋은 줄 알면 수작이지만, 설명 없이 그냥 봐도 느낌이 오는 작품은 명작이다. 미켈란젤로의 천지창조나 고흐의 해바라기는 그냥 봐도 좋다. 인류가 남긴 미술품 중에서는 '인간이 어떻게 저런 작품을 만들 수 있을까?' 하는 경이로움이 드는 것이 한두 작품이 아니었다.

　명작을 보고 나서 공부해도 된다. 누가 시키지 않아도 그 감동이 무엇이었는지, 무엇 때문이었는지 찾기 위해 자연스럽게 공부를 한다. 그러다 보면 이전에 눈에 보이지 않던 명작이 보이고 보통의 작품에서 수작이 다시 보인다.

중요한 건 직접 보는 것이다. 그림이 찾아오지 않으니 찾아가서 보는 것이다. 찾아가는 나에겐 찾아가는 행위가 여행이었다. 아주 편한 마음으로, 아주 편한 복장으로 다닌다. 귀엔 이어폰을 꽂고, 손엔 카메라를 쥐고 유유자적 지나지만 매의 눈으로 살핀다. 그렇게 미술관을 돌아다니다 눈에 띄는 작품을 찾는다.

난 어떤 기준으로 작품을 찾을까? 먼저 작품에 나타난 인물의 표정을 본다. 희로애락이 표현된 작품을 보면 발길을 멈추고 한 번 더 본다. 그리고 상상해본다. 과연 무엇 때문에 저리 기쁘고 슬퍼할까? 표정이 없는 작품에서 감정을 느낄 수 없다. 종교가 없으니 신에 대한 찬미를 다룬 작품도 시큰둥하다.

두 번째로는 색상을 본다. 누구도 표현하지 못한 색상을 보면 유심히 살펴본다. 고흐의 해바라기가 보여주는 노란색은 그 어떤 작품에서도 느낄 수 없는 강렬함이 있다. 르누아르의 화사함은 부드러우면서도 육감적이다.

세 번째로 동세(動勢)와 구도를 본다. 움직임이 있는 작품은 생동감을 극대화한다. 현란한 움직임을 잡아주는 것은 안정된 구도에서 나온다. 동세와 구도를 어떻게 조화시키느냐에 따라 움직임 속에서 안정감을 느낄 수도 있고, 안정감 속에서 움직임을 찾을 수 있다.

내 카메라엔 남자보다 여자의 그림이 더 많이 찍혀 있다. 그것도 표정이 다양한 얼굴이 잡혀 있다. 난 초상화를 별로 좋아하지 않는다. 그 속의 남자들에겐 표정이 없다. 잘 차려입고, 정면을 주시하면서 무언가 근엄함을 보이려고 하나 그건 나에겐 관심 없다. 인간의 희로애락의 극치를 그림에서 찾는 나는 근엄함의 초상화는 한번 휙 보고 지나간다. 여자 그림이라도 잘 차려진 드레스를 입고 고고하게 앉아 있는 그림도 지나친다. 남녀가 서로 노니는 그림을 좋아한다. 남자는 무언가를 말하고 여자는 웃고, 동서고금을 막론하고 이런 장면은 상상력을 자극한다.

아무리 유유자적하게 다녀도 미술관을 다녀오면 유달리 피곤하다. 미술관의 작품들은 작가들의 혼이 담겨 있는 것 같다. 관람하고 있는 나에게 이렇게 외친다. '날 좀 봐 줘. 어딜 봐? 나를 보란 말이야.' 작품들의 소리 없는 아우성이 미술관에 가득 울려 퍼지는 느낌이다. 심드렁하고 헐렁하게 보려 해도 순간순간 작품들은 나의 눈에 들기 위해 사력을 다하

는 것 같다.

두세 시간을 산책 다녀도 그렇게 힘들지 않다. 아름다운 풍광을 보면서 걸어 다니면 쌓인 피로가 풀리는 기분이다. 그러나 미술관은 유유자적하고 심드렁하게 다녀도 힘이 드는 이유는 봐달라고 소리 없이 아우성치는 작품들을 만나기 때문이다.

미술관에 전시된 작품에 기죽을 필요 없다. 아무리 유명한 작가의 작품이라도 관람객의 찬사가 없다면 생명력이 없다. 뭘 알아야 미술을 즐기는 것이 아니다. 관객의 마음을 사로잡아야 하는 건 작품이 해야 한다. 좀 더 뻔뻔하게 감상하자. 유럽이나 미국으로 미술관을 여행 갔다면 더욱더 뻔뻔해져도 된다. 거기까지 가기 위해 많은 돈과 시간을 투자한 것이다.

'작품아! 네가 날 감동시켜봐.'

마음속으로 이렇게 외치면서 그림을 보는 것도 괜찮다. 그러다 정말 유명한 작품을 놓치면 어떻게 하냐고 걱정할 필요도 없다. 미술관에는 수없이 많은 작품이 전시되어 있고, 거기서 하나라도 자신과 교감을 가진 작품이 나온다면 그건 인생의 행운이다.

미술관을 즐기는 방법

　　뉴욕, 파리, 런던, 로마, 마드리드 등 외국의 대도시에는 각기 유럽과 미국을 대표하는 미술관들이 있다. 평소에 미술에 관심이 없는 사람이라도 예전 배웠던 교과서에 나오는 그림들을 직접 눈으로 볼 수 있다는 건 무척 흥미로운 일이다.

　외국 여행이 쉬워졌다고 하지만 이웃 도시를 여행하는 정도는 아니기에 처음 간 여행지의 이국적인 풍광을 즐기다 보면 의외로 미술관을 찾을 시간이 부족하다. 하지만 우선순위를 미술관에 두고 다니는 여행을 권한다. 미술관은 주로 도시 중심부에 있고, 주변에 유명 관광지와 유적지가 있는 경우가 많아 볼거리도 다양하다.

　미술만을 주제로 몇 번 여행을 다니다 보니 요령이 생겼다. 사소해 보일 수 있지만, 미술관 여행을 준비하고 있는 분들에게 도움 되라 팁 몇 가지를 소개한다.

1. 개장 시간에 맞춰 가보자.

유명한 미술관일수록 관람객의 수가 엄청나다. 우리가 유명하다고 생각하는 미술관은 현지인도 많이 찾는다. 보통 10시 정도에 개장하는데, 조금 더 빨리 가서 줄을 서서 입장하자. 개장 시간은 미술관 홈페이지에서 쉽게 확인할 수 있다. 휴관일을 확인하는 것도 필수다. 보통 월요일 휴관이 대부분인데, 도시를 이동한다면 휴관일에 하는 것이 좋다.

2. 그림에 현혹되지 말자.

그림을 보러 가는데 그림에 현혹되지 말라는 것은 역설인 것 같지만, 꼭 그래야 한다. 그림을 보는 건 정신적인 에너지 소모가 크다. 그래서 낮은 자세로 겸손한 마음을 가지고 보면 안 된다. 최대한 도도하고 뻔뻔하게 봐야 한다. 그림에게 마음속으로 소리를 쳐보자. '내가 여기까지 오는데 얼마나 힘들었는지 아니? 그림 너 날 감동시켜봐. 네가 하는 것 봐서 감동할지 안 할지 생각해볼게.' 이런 마음을 가지고 가도 작품에 눈을 뺏기기에 십상이다. 한 작품이라도 내 마음을 울리는 것이 있으면 미술관 투어는 성공이다.

3. 미술관 안내도를 챙기자.

미술관마다 안내도가 있다. 입구 주변 잘 보이는 곳에 진열되어 있다. 간혹 한국어판도 있는데, 없으면 영어판이라도 챙기자. 안내도를 챙기는 이유는 작품이 어디 있는지 확인하기 위해서다. 큰 미술관에서는 곧잘 길을 잃는다. 길을 잃어 주변에 있는 미술관 직원들에게 물어볼 때도 안내도가 있으면 유용하다. 부끄러워하지 말고 물어보자 대형 미술관에서 길 잃는 관람객은 한두 명이 아니고, 직원들은 그런 관람객들에 익숙하다. 안내도에 그려진 작품을 가리키기만 해도 어디 있는지 알려준다. 알려줄 때 어려운 영어는 안 쓴다. 턴, 레프트, 라이트, 고 스트레이트, 업, 다운 정도만 알아들으면 금세 찾을 수 있다.

4. 하이라이트 작품을 먼저 보자.

아침 일찍 입장하는 가장 큰 이유다. 루브르에 있는 다빈치의 '모나리자', 뉴욕현대미술관에 있는 고흐의 '별이 빛나는 밤에' 앞에는 항상 관람객이 넘쳐난다. 가장 먼저 올라가 잠시라도 거의 사람 없을 때 독점하는 기회를 가져보자. 북적거릴 때와는 또 다른 영감을 줄 것이다. 하이라

이트 작품이라고 다 명작은 아니지만, 이걸 먼저 보고 확인해야 다른 작품을 여유 있게 볼 수 있다.

5. 인증사진이 아닌 작품사진을 찍자.

사설 미술관을 제외한 공립미술관은 촬영이 허용된다. 대신 삼각대, 플래시, 셀카봉은 대부분의 미술관에서 금지한다. 입구에 교통신호와 같은 표시가 되어 있으니 확인하고 사진을 찍는다. 간혹 유명 그림 앞에서 인증사진을 찍으려 북새통을 이루는데, 별로 권하고 싶지 않다. 사진을 찍을 때 작품과 사람이 함께 들어가면 초점이 분산되어 작품이 흐릿하게 나온다.

작품을 찍을 땐 테두리 제외하고 찍어보면 화면에 꽉 찬 그림을 담을 수 있어 깔끔해 보인다. 그림의 외곽이 약간 잘리는 아쉬움이 있지만 난 이 방법을 선호한다. DSLR인 경우 화이트발란스로 색온도를 조절하며 감도(ISO)와 조리개, 셔터 조절로 거의 비슷하게 촬영할 수 있다. 자세한 사항은 자기 카메라의 설명서를 참고하시라.

6. 미술관 전용 애플리케이션을 이용하자.

요즘은 해당 국가의 유심 칩이나 포켓 와이파이를 많이 쓰긴 하지만, 미술관 공용와이파이가 된다는 것을 알면 좋다. 대부분의 공공 미술관은 공용와이파이를 지원하는 곳이 많고 그 숫자는 점점 많아지고 있다. 애플리케이션 접속과 동시에 미술관 홈페이지가 안내되어 해당 작품에 대한 설명을 볼 수 있다. 또 미술관 전용 애플리케이션을 통해 오디오 가이드를 제공하는 곳도 많다. 대신 속도가 구역별로 차이가 나는데, 로비가 가장 빠른 경우가 많다. 전용 애플리케이션은 미술관 소개와 안내는 물론 오디오 가이드, 작품 해설을 제공하는 경우도 많다.

7. 화장실 사용이 편리하다.

의외로 미국이나 유럽을 여행할 때 화장실 사용에 애를 먹는다. 우리처럼 곳곳에 공공화장실이 있는 것도 아니고 유료화장실이 대부분이다. 그런 면에서 미술관은 화장실 사용에 최적이다. 시설이 우수하고 쾌적하며 무엇보다 입장료를 냈으면 무료로 이용할 수 있다.

8. 옷과 짐은 맡기자.

옷걸이표가 있으면 옷과 가방을 맡길 수 있는데 난 아주 가볍게 하고 다닌다. 셔츠 차림에 카메라, 핸드폰만 챙긴다. 미술관은 대부분 냉난방이 잘 되어 있어 겨울에는 따뜻하고 여름에는 시원하다. 옷과 짐을 보관하는 것이 유료인 곳도 있고 무료인 곳도 있는데, 무료가 더 많다. 로커를 제공하는 곳도 많은데 이용하려면 동전을 꼭 챙겨야 한다. 물론 사용 후에는 환불되는 경우가 대부분이다. 뉴욕은 모두 무료였고 대영박물관은 유료였던 것으로 기억한다.

9. 그림부터 먼저 보고 해설을 나중에 읽자.

어마어마하게 많은 그림 속에서 느낌이 좋은 그림을 먼저 찾아야 한다. 나에게 의미 있는 그림을 찾고 나중에 해설을 찾아보는 것이 더 좋다. 느낌이 좋은 그림을 찾고 나서 해설을 찾아보면 의미가 쏙쏙 들어온다. 구글이나 네이버로 검색하면 어지간한 작품 해설은 다 만날 수 있다. 이

럴 땐 비싼 도록보다 더 유용하다.

  10. 벽면에 있는 문장을 해석해보자.

  각 섹션 입구에 화가나 기타 사조에 대한 설명을 써놓은 글귀를 읽어
보는 것이 필수다. 영어를 잘하지 못한다는 것을 후회한 것이 이때가 처
음이다. 같이 간 동행들과 서로 머리를 짜내서 해석하고 이해한다면 이
보다 더 좋은 미술 공부가 없다. 연대나 개인적인 사료 말고 작품의 느낌
에 관한 설명 부분에 더 주목해야 한다.

  11. 느낌이 오면 바로 기록하자.

  이건 중요하다. 나는 블루투스 키보드를 항상 들고 다닌다. 그 자리에

서 바로 적으면 제일 좋지만, 나와서 카페에서 쉬면서 정리하는 것도 좋다. 기억은 기록을 넘지 못한다. 기록은 그림에 대한 감정을 봉인하는 작업이다. 누적되면 내가 내 글의 가장 큰 독자가 되어 두고두고 그 글을 읽을 것이다. 사진과 함께 글을 남기면 더욱더 살아 있는 글을 쓸 수 있다.

12. 미술관 투어는 3~4시 사이에 끝내자.

그림은 많이 그리고 오래 본다고 느낌이나 감동이 크게 오는 것이 아니다. 그렇게 하면 그림 보는 것 자체가 노동이 되고 힘들게 느껴진다. 쉬엄쉬엄 구경하되 그림에 곁을 주지 말고 봐야 한다. 다시 한번 강조하지만, 도도하고 까칠하게 그림을 봐야 한다. 아무리 그렇게 다녀도 어느 순간에 눈을 고정시켜 보는 그림이 생기게 마련이다. 아무에게나 정 주면 안 되는 것은 그림도 마찬가지다. 그러다 그림이랑 정분이 나면 어떻게 하나? 고민할 것 없이 한 번 더 오면 된다. 오래 보는 것보다 자주 보는 걸 권한다.

13. 피곤하면 의자에서 자도 된다.

어떨 때 발이 무거워 못 가겠는데 그림들이 눈을 유혹해 발을 끌어당기는 때가 있다. 그땐 눈을 무시하고 발의 의견에 따라야 한다. 등받이가 있는 소파는 한적한 섹션에 자리 잡고 있다. 섹션과 섹션 사이, 계단이나 귀퉁이에 푹신한 소파가 있는 곳도 있다. 코만 안 골고 눕지만 않으면 뭐라 안 한다. 잠시라도 충전하길 권한다. 대신 소파에 기대 자는 것을 두 번 이상 반복하면 체력이 완전히 방전되었다는 신호임을 알아야 한다.

14. 쾌감이 왔을 땐 거기서 끝내도 된다.

미술관에서 강한 느낌이 온 작품이 있다면 엄청난 행운이다. 마음을 흔드는 작품을 만났다면 그날은 관람을 종료하고 그 작품의 여운을 즐겨 보는 것을 권한다. 동행이 있다면 찰나로 다가온 느낌을 더 풍부하게 하기 위해 술이나 차 한 잔을 하면서 감성의 레이더를 가동시켜 보면 감상에서 느꼈던 에너지가 증폭되어 오를 것이다.

15. 뮤지엄패스를 이용하자.

파리에는 유명 미술관이 즐비하고 관람객도 많은데, 특히 루브르 박물관이나 오르세 미술관에 늘어선 엄청난 줄에 기겁을 한다. 이럴 땐 입장권을 사기 위한 줄을 서지 않아도 되는 뮤지엄패스가 최고다. 파리뿐 아니라 이름난 도시들은 이름은 달라도 패스 제도가 있다. 뮤지엄패스가 있는 관객만 따로 줄을 서니 금방 입장한다. 현지에서 사는 방법과 한국에서 사는 방법이 있는데, 현지에서 사려면 루브르나 오르세 말고 바로 옆에 있는 오랑주리 미술관에서 사는 것이 제일 빠르다. 오랑주리 옆이 루브르 미술관, 다리 건너면 오르세 미술관, 거기서 조금만 더 가면 로댕 미술관이다. 숙소도 그 근처에 잡으면 걸어서 다닐 수 있다.

16. 아이들 수업 함부로 찍으면 안 된다.

미술관에서는 현장학습 나온 아이들을 쉽게 볼 수 있다. 아이들이 그림에 몰두하며 설명을 듣는 모습이 참 신기하고 귀엽다. 그렇지만 수업

하는 아이들의 모습을 함부로 찍으면 안 된다. 꼭 찍고 싶으면 인솔한 교사에게 허락을 받고 아이들의 얼굴이 안 나오는 뒤쪽에서 찍어야 한다. 꼭 허락받아야 하고 웬만하면 찍지 않는 것이 좋다.

17. 쫄지 않아도 된다.

미술관에 쫄지 말고 그림에 주눅 들지 말자. 아는 것 없다고 그림 못 보는 것은 아니다. 하지만 주눅 들면 아무것도 안 보인다. 어릴 때 미술책에 있던 그림을 구경하러 간다고 생각해도 상관없다. 보다 보면 느낌이 온다. 안 오면 어쩌나? 안 오면 그만이다. 내 잘못이 아니라 그림 잘못이라고 핑계 대도 아무도 뭐라 할 사람 없다. 한 번 보고 두 번 보다 보면 느낌이 올 때도 있다. 한 작품이라도 나와 교감하는 작품이 나온다면 성공한 미술관 투어다.

3장

여행에서
깨달은
교육에
관한
생각들

여행은 일종의 자기 주도적 학습과 같다. 여행을 준비하고 실행하는 것은 또 다른 방식의 공부다. 가르치는 것에 익숙한 교사는 배우는 학생의 시선을 잘 헤아리지 못할 때가 있다. 교사의 눈으로 보는 교실과 학생의 시선으로 보는 교실은 서로 다르기 때문이다.

교사에게는 학생의 시선이 필요하다. 여행은 반강제적으로 학생의 시선으로 세상을 볼 기회를 준다.

낯설고 어색한 것은 어렵고 복잡한 것으로 여긴다. 모른다는 것은 답답함에서 불편함을 넘어 무서움이 되기도 한다.

교육은 높은 고담준봉을 오르는 엄청난 고행이 아니라 야트막한 야산에 잘 정비된 산책로를 오르는 길이다. 엄청난 오지여행을 떠나지 않는 평범한 여행이면 산책로를 오르는 것과 같다. 하지만 한 번도 해보지 않았기에, 평범한 여행도 하는 순간만큼은 오지여행이라 생각한다.

여행으로 학생의 시선을 경험해볼 뿐만 아니라 교사의 수업도 반성할 수 있는 계기가 된다.

수업 계획을 짜듯 여행 계획을 짠다. 계획은 실행하려고 짜지만, 여행은 계획된 여정을 쉽게 허락하지 않는다. 수없이 많은 변수가 존재하고 그 변수 중에는 '자기 자신'이라는 변수가 가장 크다는 것도 알게 된다.

여행을 자주 다니다 보면 계획을 꼼꼼히 짜기보다 마음의 여유를 더 가지려고 노력한다.

해야 할 것들 중 순위를 정하고 꼭 지켜야 할 것과 아닌 것을 구분해 변수에 대처한다. 무엇보다 여행자로서 겸손한 자세와 상대를 배우고 감사함을 표현하는 태도는 수업을 하는 교사의 자세를 되돌아보는 데 도움이 된다.

교사에게 여행이 필요한 이유

여행의 의미가 쉼이나 생경한 것을 즐기는 것에만 있지 않다. 난 좋은 호텔이나 현지 맛집을 즐기지도 않는다. 그런데도 자주 여행을 다닌다. 그런데 왜 여행을 자주 다닐까? 여행은 교사에게 학생의 눈으로 세상을 볼 기회를 주기 때문이다. 그렇다면 학생의 눈으로 본 세상은 어떤지 살펴보자.

첫째, 낯섦에 적응해야 한다.

한국어가 통하지 않은 어느 곳을 가든 낯설다. 낯섦은 익숙하지 않음에서 온다. 새 학기 교실을 상상해보자. 새 학기가 되어 학년과 학교가 바뀐 교사와 학생 중 누가 더 낯설까? 새 학기 전날 교사의 머릿속은 아비규환이지만, 실제는 학생이 더 낯설다. 혼란스러움에 대한 표현 능력이 아이보다 교사가 더 뛰어나서 그렇지 혼란스러움 그 자체는 아이가 더 크다. 그러나 아이는 잘 표현하지 않는다. 그 이유는 무엇일까? 교실에 주도권이 교사에게 있기 때문이다. 교사는 아무리 낯선 학교와 학년과 반을 맡아도 학생보다 많은 주도권을 가지고 있기 때문에 더 빨리 적응한다.

여행은 주도권이 나에게 있으면서도 없다. 물론 아예 돈으로 주도권을 살 수도 있다. 비즈니스 이상의 항공권과 수준급 이상의 호텔 그리고 비싼 개인 투어요금을 지불하면 된다. 비싼 경비를 들이면 개인 집사를 두는 것과 같다. 이 정도 여행이라면 주도권을 가진다고 하겠다.

그러나 교사라도 시간적 여유가 조금 있을 뿐이지 호사를 누리기는 어렵다. 봄, 가을 날씨 좋을 때가 아니라 여름, 겨울방학의 짬을 내어 여행을 다닐 뿐이다. 익숙하지 않은 숙소와 식당과 거리에서 낯섦을 느낀다. 낯섦에 적극적으로 대처해야 그나마 빨리 적응한다.

새 학년이 되어 학생이 익숙하지 않은 교사에게 적응하고, 익숙하지 않은 학년과 교실에 적응하기 위해 어떤 노력을 해야 하는지 느낄 수 있

다. 낯섦에 대한 느낌은 개인마다 다양하지만, 낯섦 자체의 느낌은 시간이 지나도 또렷하게 기억난다. 여행은 교사가 낯섦에 대한 적응력을 키우고 학생이 느낄 낯섦을 이해하는데 도움을 준다.

둘째, 겸손을 배워야 한다.

여행지에서는 겸손해야 한다. 그래야 빨리 적응하고 필요한 서비스를 받을 수 있다. 요금을 지불했다고 마음대로 할 수 없다. 요금은 그 기간에 잠시 점유하는 권리일 뿐이다. 숙소에서, 상점이나 식당에서 그리고 거리에서도 여행자가 겸손하게 현지인들을 대하면 그들이 할 수 있는 최선을 다해 도와준다. 겸손의 표현은 별것 아니다. 고마움에 감사를 표시하고, 모르는 것은 물어보고, 남에게 피해 주지 않도록 스스로 조심하는 것이다.

학생은 교사에게 겸손함을 가져야 한다. 겸손함을 강요할 수 없다. 그러나 어떤 것이 겸손한 표현인지 교사가 모르고선 아이들에게 보여줄 수 없다. 여행은 그것을 배울 좋은 기회다.

셋째, 호기심을 배운다.

가르치는 자는 호기심이란 감정이 소모되어 간다. 새로운 것을 가르치기보다는 검증된 것을 가르쳐 안정적인 수업을 하려고 하기 때문이다. 가르쳐야 할 것이 정해지면 학생들에게 논리적으로 전달할 방법을 고민한다. 그러다 보면 우연함과 호기심에 기반을 둔 즐거움을 찾는 일은 점점 멀어진다.

여행은 호기심을 자극한다. 계획하고 예약하고 출발하면서 호기심은

극대화된다. 여행을 시작하면서 호기심은 익숙함으로 변해간다. 여행지에 몸이 익숙해지면 여행은 일상이 된다. 그렇다고 실망하지 않는다.

처음에 눈을 즐겁게 했던 이국적인 정취와 풍경도 익숙해지면 일상이 되고, 랜드마크 건물은 이정표 이상의 역할을 하지 않는다.

그러나 여행이 호기심이라는 본연의 감정을 다시 살릴 좋은 기회임은 부인할 수 없다. 잊고 지내던 교사의 호기심을 끌어올리는 좋은 기회는 바로 여행이다.

넷째, 자신을 돌아본다.

비행기를 타고, 숙소를 찾고, 지하철과 버스를 타며, 식당을 가고, 미술관을 찾는 일은 평소에 하지 않는 것이지만 대단한 것은 아니다. 그러나 어느 낯선 길을 걸을 때, 그림을 보고 있을 때, 낯선 침대에 몸을 뉠 때, 평소 생각나지 않던 것들이 머릿속에 떠오른다. 가르칠 때는 가르칠 것

을 어떻게 하면 명료화시킬까를 고민하느라 자신만의 깊은 생각에 빠지기 어렵다.

일상에서의 여가와 여행에서의 남는 시간은 다르다. 일상에서도 여가는 생긴다. 하지만 다음 일상을 처리하기 위해 여가는 별 의미 없이 소모되기 일쑤다. 여행은 일상을 사는 그 자체가 남는 시간이다. 먹고, 자고, 보고, 이동하는 것의 연속이다. 평소의 여가가 여행 기간 내내 이어지는 느낌이다.

생각할 시간이 많아진다. 그러다 보면 파편된 조각의 생각, 맥락이 끊어진 생각들이 어느 순간 이어지고 깊어지는 것을 느낀다.

평소에는 너무 바쁘다. 우리의 일상은 늘 촘촘하게 계획되어 있다. 일정은 따로 정리해두지 않으면 안 될 정도로 많다. 촘촘한 관계는 촘촘한 일상을 만든다. 그것뿐만 아니다. 출근과 동시에 25명의 아이와 마주하는 순간부터 나는 없어지고 '차 선생'만 남는다.

여행은 자신을 돌아보기에 참 좋은 시간이다. 촘촘한 일상과 관계에서 벗어나 자신을 들여다볼 수 있는 시간이다. 무슨 생각을 어떻게 해보든 자기 마음이다. 평소 하지 않았던 쓸데없다고 생각했던 주제라도 파고들어 장황하게 풀어보는 것도 여행의 묘미다. 그것이 자신을 찾는 또 하나의 방법이기도 하다.

다섯째, 불확실한 것을 감수해야 한다.

교사는 확실한 것을 가르치고 검증된 것을 수업 주제로 삼는다. 불확실한 것을 제거하여 예측 가능한 수업 상황을 만들려고 노력한다. 아이들에게 시간과 여유를 주더라도 불확실성을 제거한 상태로 주려고 한다.

그러나 삶은 예측 불가하고 그것을 수업으로 연결하는 것도 쉽지 않다. 여행은 불확실한 것을 감수해야 한다. 언제 결항이 될지 모르고 숙소는 내가 예측한 것과 다를 수 있다. 문화가 다르다는 건 일상을 사는 방식이 다르다는 것이고 내가 익숙한 방식은 쓸 수 없다는 뜻이다. 거기다 언어가 능숙하지 않으면 불안은 더 커진다. 여행은 그런 불확실성을 안고 있다. 어떻게 될 건지는 가봐야 안다.

불확실한 것에 대처하는 가장 좋은 방법은 닥치는 대로 하는 것이다. 이 무슨 망발인가? 하나씩 따져보자. 불확실한 것은 내가 통제할 수 없는 범위다. 회피하지 못하면 부딪치는 수밖에 없다. 아이를 가르치는 것은 꽃동산에서 동요 부르며 아름답게 진행되는 TV 속 어린이 드라마가 아니다. 잘되면 천국이나 안 되면 금세 지옥 불을 맛본다. 누구든 불확실한 상황은 피하고 싶다. 그러나 그런 상황을 연습하고 싶지 않다.

여행은 그 중간 지점이다. 자신이 계획하고 실행에 옮기면서도 확실하지 않은 상태에서 떠난다. 항공편과 숙소를 잡아 두면 시작과 끝은 정해지지만, 중간에 무슨 일이 생길지는 모른다. 완전하게 막연하지도 않고, 완전하게 확실하지도 않은 상황에 자신이 들어가는 것이 여행이다. 스스로 선택했으니 누구에게 원망할 수 없다.

여행을 다녀오면서 생긴 불확실성에 대한 면역력은 이렇게 나온다.

"뭐 대충 부딪쳐서 겪어보고 해보는 거지."

보통은 무엇을 어떻게 전달할 것인지 계획을 세우는 것을 수업 설계라고 생각한다. 하지만 그것만은 아니다. 학생이 어떻게 하면 자발성을 가지고 수업에 참여할 수 있게 설계하는 것이 핵심이다. 학생이 스스로 불확실성을 감내할 준비가 되어 있을 때 호기심 넘치는 수업도 가능하다.

여행 계획 짜기 - 완벽한 수업은 없다

지금은 스마트폰과 구글 지도가 있어 지명이나 좌표만 찍으면 말이 통하지 않는 여행지에서도 쉽게 길을 찾을 수 있다. 하지만 2011년 처음 유럽여행을 할 땐 스마트폰이 아니어서 여행안내소나 호텔에서 지도를 구했다. 지도만 달랑 받고 나오지 않았다. 직원에게 지도를 보여주며 유적지나 미술관, 박물관을 표시해 달라고 했다. 이런 여행객이 많은지, 직원은 색연필로 주요 지점을 찍어주고 현재 위치에서 시작하는 동선을 그려줬다.

동선대로 따라가다 보고 싶은 곳이 나오면 구경하고, 못 찾으면 현지인들에게 물어물어 찾아간다. 지도를 보며 한 바퀴를 돌고 나면 그 도시의 주요 건물의 위치가 어느 정도 머릿속에 저장된다. 아날로그 방식으로 저장된 기억은 디지털 기기로 도움받은 것보다 더 구체적이고 강렬하게 남았다.

여행을 하면서 수업과 연관해서 깨달은 점이 있다. 교사는 완벽한 수업을 원한다. 완벽한 수업이란 무엇일까? 아이들이 학습목표를 완벽하게 이해하는 수업이다. 아이들이 얼마나 이해했는지 알아보는 것이 평가다. 평가라고 하면 보통 시험을 생각하지만, 난 조금 다른 방식의 평가를 생각한다. 아이가 수업하고 나서 '배움 혹은 학습의 구조도를 그릴 수 있는가?' 를 알아보는 것이다.

한 시간의 학습목표는 다음 시간의 목표를 성취하기 위한 디딤돌일 경우가 많다. 즉 '지속 가능한 학습력을 가질 수 있는가?'에 좀 더 중점을 둬야 한다. 이것을 실행하고 유지할 수 있는 능력이 자기주도적 학습이다. 자기주도적 학습은 학생이 가져야 할 가장 완벽한 태도와 능력이지만, 쉽지 않다. 어느 단계가 되면 학습의 성패는 학생 스스로의 능력과 의지에 좌우된다. 그때가 바로 학습의 주도권이 교사에서 학생으로 넘어가

는 단계다. 교사는 이 단계를 슬기롭게 대처하는 능력을 가져야 한다.

난 여행을 할 때 자유여행으로 계획을 짜지만, 가끔 1일 투어를 하거나 지리와 문화를 잘 아는 분이 있으면 동행했다. 그런데 잘 계획된 1일 투어는 밀도 있었음에도 불구하고 시간이 흐르면 여정과 동선을 복기하기 어려웠다. 그렇다고 투어가 무의미한 것은 아니었다. 대상 하나하나에 대한 설명을 듣고 이해하는 데 무척 좋았다. 현장에서 궁금한 것을 묻고 답하는 데도 아주 큰 도움이 되었지만, 투어 전체를 묶어 하나의 그림이 그려지지 않았다.

왜 그럴까? 투어는 따라다니면 된다. 가이드는 이동하면서 만나는 유적지와 관광에 필요한 각종 정보를 잘 정리해서 쏙쏙 넣어준다. 들을 땐 감탄하며 듣지만, 나만의 방식으로 따로 복기하지 않으면 내 것으로 남지 않는다.

이걸 학습이나 수업에 대입해보자. 교사가 완벽한 자료 준비와 설명과 시범을 보인다. 아이들은 주의집중 해서 잘 듣고 설명을 이해하며 실험과 관찰을 다 계획한 대로 실시했다. 교사는 완벽한 수업을 시현했다. 그런데 학생은 다를 수 있다. 어떤 학생은 수업시간에는 교사의 설명을 들었을 땐 이해가 되었는데 자기가 설명을 해보려 하면 못하는 경우가 생기거나 배우긴 했는데 뭘 배웠는지 자세히 알지 못하는 경우도 생긴다.

특히 수업시간에 배웠던 어떤 개념이 또 다른 수업에서 나오면 익숙함보다는 혼돈스러움이 생기는 경우가 있다. 가장 대표적인 주제가 환경이다. 수학에서 배운 그래프가 과학에서 수질오염에 관한 그래프로 나오고 이건 다시 사회에서 원인과 결과를 나타낼 때 쓰이다가 국어에서 환경오염에 관한 사설을 통해 주장하는 글을 배운다. 앞서 배운 것이 자신의 방식으로 정리된 학생은 새로 배우는 내용을 이해하는 데 큰 도움을 받지만, 그렇지 못한 학생은 이전에 배운 것과 지금 배운 것이 섞여 더 헷갈리게 된다.

들은 것은 같은데 이해가 안 되는 경우가 생긴다면 제대로 된 배움이 아니라 헛똑똑이가 되고 만다. 이건 좋은 수업이 아니다. 수업에 관련된 교사의 능력을 평가할 때 수업의 시연력, 교재의 구안 등 교사 중심으로 본다면 수업이 활발하고 유기적으로 이뤄진다 해도 학습자는 배운 내용의 구조도를 머릿속에 그리는 데 어려움을 겪을지도 모른다. 몹시 어려운 본질적인 문제다. 이것을 해결해야 학습하는 아이들이 제대로 공부하는 길을 열어줄 수 있다.

순서를 바꿔보자. '어떻게 가르쳐야 잘 이해할까?' 보다 '내가 학생이라면 이걸 왜 배워야 하지?'를 먼저 놓고 수업을 설계해보는 것이다. 학생의 처지로 돌아가 왜 배워야 하는지에 대해 먼저 의문을 가져보는 것이 중요하다. 한 시간 동안 수행할 수업 목표에 대해 거꾸로 생각해보는 것이다.

교사가 배움의 입장에서 학습의 동선을 그릴 수 있어야 학생들도 머릿속에서 학습의 동선을 그릴 수 있다. 그래야 교사의 일방적인 전달이 아닌 학생 스스로 공부하는 힘을 길러준다. 이런 시간의 투자는 학생이 학습의 동선을 구조화하는 데 도움을 준다. 교사가 만들어준 것이 아닌 학생 스스로 구조화해 본 학습의 동선은 학생 자신의 삶의 문제를 해결하는 데 도움을 준다. 결국 살아 있는 수업이란 것도 학습의 동선을 학생이 얼마나 능동적으로 구조화할 수 있느냐에 달려 있다. 수업은 학습법보다 학생들의 수준에 맞게 학습의 동선을 구조화할 수 있도록 조력해주는 교사의 역할이 무엇보다 중요하다.

그런데 왜 이런 수업을 교사는 힘들어할까? 학생 스스로 구조화하는 수업은 예측이 어렵다. 교사든 학생이든 많은 실패와 시행착오 그리고 많은 기다림이 필요하기 때문이다.

하지만 매력도 있다. 정해진 방법이 아닌 여러 가지 방법을 도전해볼 수 있고, 누구에게 보여주기 위한 수업이 아니고, 단위시간에 완벽한 기승전결을 이뤄내지 않아도 된다. 그러려면 무엇보다 잘 가르쳐야 한다는 강박에 가까운 신념을 버려야 한다.

그렇다면 학생 스스로 학습의 동선을 그릴 수 있는 수업은 어떻게 준비해야 할까? 여행의 준비와 다르지 않다. 여행을 위한 짐을 쌀 때 많은 물품보다 꼭 필요한 것만 챙기듯이 수업 자료는 최소한으로 준비한다.

꼭 필요한 것을 준비 안 했을 때 아쉬움이 크듯, 학생이 자료가 필요하다는 생각이 절박하게 들 때까지 기다렸다가 방법을 알려주거나 자료를 준다. 오히려 교사가 준비한 자료나 방법이 아닌 대체재를 찾거나 생각해낸다면 그 자체를 격려해준다. 그 필요한 자료를 어떻게 구하고 정선해야 하는지에 대해 욕구가 생길 때 스스로 학습하는 능력이 생긴다. 전체의 구조 속에 필요한 퍼즐을 찾아와서 맞출 수 있을 때 스스로 학습하는 능력이 생긴다. 백지에서부터 구조도를 하나씩 그려갈 수 있을 때, 얼기

설기 쌓아가는 자신의 지식 구조에 조금씩 희열을 느낄 때, 학생은 비로소 자신의 학습능력을 확인한다.

여행은 수없이 다양한 계획을 짤 수 있다. 그러나 나랑 맞지 않으면 별 소용이 없다. 여행은 나 혼자 계획을 짜고 실행해도 되지만, 수업은 교사가 짠 계획을 학생이 실행해야 한다. 자신이 짠 계획이기 때문에 교사에게는 쉬울 수 있지만, 학생들은 어려워한다.

'수많은 여행 안내소에서 길을 알려줬던 직원들은 나를 어떻게 바라봤을까?' 문득 이런 생각이 들었다. 몇 마디 대화를 나눠보고, 무엇을 원하는지 간파한 후 원하는 동선을 그려주거나 알려준다. 한 번도 앞장서 길을 이끌어준 적은 없다. 딱 거기까지다. 나는 수업을 하는 교사의 역할도 이와 같다고 생각한다. 안내자와 교사는 완벽한 무언가를 알고 있지만, 여행자와 학생이 발견하길 바라고 조력할 뿐이다.

수없이 많은 실수와 실패를 거쳐 찾아내고, 발견하며 배워야 진정한 희열을 느낄 수 있다는 것을 알기에 난 여행에서 배운 길 찾기의 방법으로 수업을 대한다. 길을 찾는 방법은 여러 가지다. 최단 거리만 있는 것이 아니라, 모로 가도 목적지만 가면 되는 경우도 있고, 조금 둘러가지만 편한 길로 가는 경우도 있으며, 한 발짝 비켜나면 좋은 풍광이 있는 경우도 있다. 무엇을 선택하든 각자의 가치가 있는 것이지 완벽한 것이 존재하는 것은 아니다.

여행을 통해 수업을 다시 본다. 완벽한 수업은 없다. 학생과 함께 만들어갈 뿐이다. 대신 수업의 주인공은 교사가 아닌 학생이다.

영어, 아는 만큼 해도 차고 넘친다

시간과 경비를 확보하고 나서도 여행에 대한 두려움은 없어지지 않는다. 바로 언어의 문제가 남아 있기 때문이다. 패키지 관광에서는 언어가 안 돼도 상관없지만, 자유여행에서는 언어가 항상 걸림돌이 된다.

영어를 잘하면 여행이 쉽다. 길을 찾고, 숙소를 예약하고, 식당에서 식사하는 일상에 영어가 필요하다. 특히 뭔가 부탁하거나 요청할 때면 어떻게 말해야 하는지 난감해진다. 스마트폰의 실시간 번역서비스로 의사소통을 하면 된다고 하지만, 상대의 얼굴을 보며 대화해야 하는 상황에서는 뭔가 아쉬움이 있다. 여행지에서 유창한 영어로 의사소통하는 여행자를 보면 존경스러움을 넘어 경이롭다.

명색이 초등학교 선생인데 영어가 익숙하지 않다. 길을 물어보고, 물건을 사고, 식사를 주문하고 숙소를 예약하는 수준이다. 이 정도면 다니는 데 충분하다. 좀 아쉬운 것도 있다. 미술관이나 박물관에 있는 설명을 읽고 해석할 수준은 안 된다.

여행을 시작할 때는 어색하다가 여행이 끝날 무렵이면 능숙해진다. 귀국할 때가 절정인데 공항철도에서 두리번거리는 외국인에게 안내해줄 정도가 된다. 그러다 일상에서 영어를 쓰지 않으면 다시 원상태가 된다.

수업도 영어 쓰는 것과 비슷한 면이 있다. 여행에 필요한 영어는 얼마만큼이면 될까? 어떤 여행을 하느냐에 따라 다르지만, 여행에 필요한 기본적인 영어는 초등학교 6학년 수준에서 다 해결할 수 있다. 여행에서 필요한 영어는 고급스럽고 유창한 수준이 아니기 때문이다.

영어권인 국가와 비영어권인 국가를 여행할 때 어디에서 영어를 쉽게 쓸까? 의외로 비영어권 국가다. 현지인들도 영어가 상용어가 아니기 때문에 완벽한 발음이 아니라서 친숙함이 느껴진다. 물론 매우 영어를 잘하는 현지인도 많지만, 나의 어눌한 발음을 고려한 상대는 정확한 핵심

단어 위주로 나의 궁금함을 해결해준다.

교실에서 수업받는 학생을 외국에서 온 여행자라고 생각해보자. 한국 말을 할 줄 알지만 새로운 지식을 배우는 순간은 외국인과 같다. 말을 들을 수 있는 것과 말의 의미를 알아듣는 것은 별개다. 교사가 설명하고 있는 대상이 학생의 머릿속에 그림으로 그려져야 의미를 알아들은 것이다.

여행지에서 가이드의 설명이 너무 많으면 기억하기 어렵다. 여행에 대한 정보가 많아도 정작 자신에게 필요한 정보를 찾기 어려울 때도 많다. 교사가 많은 지식과 정보를 제공한다고 해서 학생이 잘 이해하는 것은 아니다. 오히려 많은 정보가 섞이면 오개념을 만들기도 한다.

한 차시의 수업에서 많은 것을 배우지 않는다. 즉 제공해야 할 정보의 양 자체가 많지 않다. 4차 산업혁명과 5G 정보화시대에 걸맞게 다양하고 많은 정보를 제공해야 훌륭한 수업이 된다고 생각하지만, 결코 그렇지 않다. 교사는 핵심 정보를 제공해야 하고 학생이 그 정보를 제대로 받아들일 수 있도록 다양한 기회를 줘야 한다.

좋은 수업은 학생이 정보를 받아 자신의 그림으로 그릴 수 있는 개념의 형태로 남는 수업이다. 교사는 그 과정을 조력한다. 정보의 양이 중요한 것이 아니라 정보의 질이 중요한 것이다. 정보 자체가 학습 활동의 중요한 핵심 요소다.

교사는 교사이기 이전에 훌륭한 학습자였다. 훌륭한 학습자는 다소 정선되지 않은 정보와 자료를 가지고도 자신만의 개념을 만들 수 있는 능력을 갖췄다. 그러나 교실에는 교사와 같은 훌륭한 학습자만 있는 것이 아니다. 편차가 큰 학생을 대하는 교사는 하위 수준의 학생이 어떤 방식으로 배우는지 유심히 관찰해야 한다. 그래야 학생의 실수와 실패를 예

상한 수업 설계를 할 수 있다. 실수와 실패를 예상해야 학생이 과정을 수행하며 겪게 될 실수와 실패에 적응하는 시간을 줄 수 있다.

교사가 정보를 많이 주는 수업을 하면 겉으로는 매우 활기 있는 것처럼 보인다. 그러나 평가를 하기 전에는 학생들이 온전히 받아들이고 있는지 확인할 수 없다. 그것보다 더 걱정스러운 것은 교사의 활동을 많이 하면 교사 스스로도 좋은 수업을 했다고 만족하거나 착각하는 것이다.

교사는 수업의 주도권을 가져야 한다. 주도권을 가진다는 것은 수업의 계획과 수행에서의 주도권이지 많은 활동으로 정보를 전달하는 것이 아니다. 교사가 주도권을 가지고 학생의 실수와 실패를 감안한 수업은 어떤 모습일까? 교사가 적극적으로 정보를 전달하는 수업과는 다른 모습이다. 기본적이고 최소한의 정보만 주고 나머지는 학생의 활동이 주를 이룬다. 학생들은 열심히 무언가를 하고 교사는 지켜보고 있는 것이 대부분이다. 학생의 실수와 실패를 학습의 기회로 삼고 심리적 안정과 도전의 의지를 북돋을 뿐이다.

더 해야 하지 않을까? 가르침이 부족하지 않을까? 이런 고민은 잠시 접어둬도 좋다. 영어를 못 해서 여행을 못 가는 것이 아니듯, 가르쳐야 할 부분에 대해 교사가 이미 알고 있는 지식과 정보가 적지 않다.

실수와 실패를 두려워하지 말고 학생이 가지고 있는 기초와 기본을 가지고 풀 수 있도록 조력해야 한다. 영어를 못한다고 해서 여행을 못가는 것은 아니다. 하지만 여행 가려는 마음 자체가 없으면 갈 수 없다. 배움 역시 마찬가지다. 배우려는 의지와 호기의 불씨를 살려야 한다. 이것이 학생의 처지에서 배움의 상황을 간접 체험하는 교사 여행의 숨은 묘미다. 아는 만큼 풀어내도 전혀 모자라지 않다. '무엇을 전달하느냐' 보다 '어떻게 풀어내느냐' 에 좀 더 많은 고민이 필요하다.

호기심을 되찾는 기술

여행이 늘 신나고 즐거운 것은 아니다. 특히 익숙한 환경이 아니면 잠을 잘 이루지 못하는 나는 더 그렇다. 여행이 주는 불편함을 잊게 하는 것은 역시 여행이 주는 새로움과 신기함이다.

어른이 되어 잊어버리고 있었던 호기심이 여행을 통해 되살아난다. 여행은 원래 불편하다. 그러나 여행이 주는 호기심이 그 불편함을 넘기 때문에 여행을 다니는 것이다. 그래도 여행의 불편함마저 즐길 만큼 여행을 즐기지는 못한다.

여행의 불편은 나이가 들수록, 체력이 떨어질수록 더하다. 나이 들어 여행을 하려면 불편함을 줄이고 호기심을 유지해야 한다. 불편함은 돈과 기술로 상당한 부분 줄일 수 있다. 장거리 비행의 불편함은 비즈니스 클래스 이상 좋은 좌석으로 바꾸면 되고, 불편한 잠자리는 좋은 호텔을 얻으면 된다. 지도를 보면서 지하철과 버스를 탈 필요 없이 필요할 때마다 택시를 타거나, 차량이 있는 개인 가이드를 고용하면 불편함을 거의 느끼지 못할 만큼 편안하게 여행을 할 수 있다. 크게 돈을 들이지 않더라도 여행에 대한 정보가 차고 넘쳐서 조금만 관심을 기울이면 불편함을 해소할 방법은 많이 있다. 무엇보다 여행을 자주 해보면 점점 불편함을 주는 요소를 없애가는 능력이 체득된다.

돈으로 상당 부분 해결할 수 있는 불편함에 비해 호기심을 유지하는 것은 더 어렵다. 그런데 호기심은 늘이는 것이 아니라 유지하는 것이라고 했다. 왜 호기심을 늘이진 못할까? 체력의 요소 중에 유연성flexibility이란 것이 있다. 신체의 관절과 근육을 최대한 어느 범위까지 늘이며 움직

일 수 있는 능력을 유연성이라고 하는데, 근력이나 지구력 등 다른 체력의 요소는 성장하면서 단련하면 늘어나지만, 유연성은 어릴 때 가장 뛰어나고 나이가 들수록 퇴화된다. 호기심도 마찬가지로 어른보다 아이가 더 많다. 하지만 호기심 역시 발달하는 것이 아니라 퇴화하기 때문에 유지하는 것이 더 중요하다.

여행을 하면서 새로운 것을 보거나 경험하면 호기심을 느끼면서 즐거워한다. 이건 없던 호기심이 생긴 것이 아니다. 잊고 있었던 호기심이 발동하는 것이다. 호기심은 어른의 마음에서 아이의 마음으로 변하게 하는 묘약이다. 그렇지만 중년은 어린아이가 아니다. 여행을 왔다고, 새로운 뭔가를 보고 경험했다고 잊어버렸던 호기심이 살아나지 않는다.

여행에서 보는 거의 모든 풍광이나 기념물, 문화재, 교통, 통신, 사회 제도, 풍습 등은 여행에서 경험하는 것보다 도서관에서 관련 서적을 찾는 것이 내용도 더 풍부하고 정확하다. 인터넷으로 몇 번의 검색으로도 필요한 정보를 어렵지 않게 찾을 수 있다. 심지어 내가 다니는 미술관 투어도 구글아트(https://artsandculture.google.com/)를 통해 집에서 가상투어를 할 수 있다. 오히려 직접 와서 보는 것보다 더 자세한 안내를 받을 수 있다.

물론 직접 보는 것과 사진으로 보는 것은 차이는 있다. 그리고 실제로 본 모습이 멋진 사진보다 못할 때가 많다. 미술관의 그림 역시 마찬가지다. 그런데도 불편함을 무릅쓰고, 큰 비용을 들여서 꼭 여행을 와야 하는지에 대해 근본적인 질문을 늘 스스로 답한다.

"그럼에도 불구하고 오고 싶다."

호기심은 정보와 지식을 넘어서는 감정이다. 미지의 공간 속에 여행이란 이름으로 몸과 마음을 구겨 넣으면 평소에 느낄 수 없는 여러 감정이 소용돌이친다. 소용돌이치는 감정 중에서 언제부턴가 잊어버렸던 감정이 불쑥불쑥 튀어나온다. 이것이 호기심이다.

공부하는 학생에게 가장 필요한 감정과 태도를 꼽으라고 하면, 호기심과 집중력이라 말한다. 호기심은 새로운 것을 대하는 감정이고, 집중력은 그것을 학습으로 연결시킬 때 중요한 태도다. 호기심과 집중력을 가지고 있는 학생을 지도하는 것은 교사로서 신나고 재미있는 일이다.

난 학습에서 호기심과 집중력을 강조한다. 대부분의 교사는 평소 집중하지 않는 학생을 눈여겨본다. 어떻게 하면 집중시킬 수 있을지 고민한다. 그러나 학생이 얼마나 호기심을 가졌는지에 대해선 상대적으로 관심을 덜 가진다. 왜 그럴까? 교사는 다른 직종보다 상대적으로 집중력이 뛰어나다. 그렇게 공부해왔다. 그러나 뛰어난 집중력만큼의 호기심은 발휘해보지 못한 경우가 많다.

가르친다는 것은 검증 가능한 것을 우선으로 하기에 보수적 행위다. 물론 학생들에게 전달하기 위해선 유연해져야 하지만 근본적으로 제대로 된 것을 가르쳐야 한다는 본질에서 벗어나지 않는다. 안정적인 교수와 학습은 반드시 필요하다. 이것에 기반을 두어서 유연함을 받아들여야 하는데 자칫 안정성을 강조하다 보면 유연함을 놓치고 만다.

유연함은 호기심과 밀접한 연관이 있다. 호기심을 허용하고, 장려해야 한다. 그러나 호기심을 얼마나 허용해야 할지 교사는 늘 의문을 가지고 있다. 단위 시간에 해야 할 학습량을 충족하기 위해선 정선된 지도가 필요한데 학생들의 호기심을 계속 자극하긴 어렵기 때문이다.

"선생님은 키스해봤어요?"

학습에는 호기심이 없고, 신변잡기에만 호기심을 느끼면 수업은 산으

로 간다.

"선생님이 키스해봤는지 안 해봤는지 아는 것이 왜 궁금해? 그 이유를 말해줘. 네가 궁금해하는 이유가 충분하면 이야기해줄게."

당황하는 교사의 모습을 예상하고 한 아이의 질문에 교사가 이렇게 대답하면 졸지에 아이는 이유를 찾아야 한다.

학습에 관련된 호기심을 자극해야 하는 것이 수업의 핵심이다. 그래서 부단한 연구가 필요하지만 집중력과 달리 눈에 보이는 실체가 없고, 자칫 잘못 유도하면 수업 자체가 안 되기 때문에 호기심을 가지라고 하면서도 호기심을 가지지 못하게 한다.

학습과 관련된 호기심으로 유도해야 한다. 배움은 원래 어려움이 내재된 행위라 호기심만 가지고는 연습과 단련의 과정을 견디지 못한다. 그러나 몰랐던 것을 알게 되었을 때 느끼는 성취감이 크기에 자발적인 인내의 과정을 거친다. 막연한 호기심에서 학습된 호기심으로 발전하고 이것은 다시 집중력으로 발전한다.

그렇다면 어떻게 학생의 호기심을 줄이지 않고 유지시킬 수 있을까? 수업을 하는 교사가 잃어버린 호기심을 찾는 것이 가장 확실한 지름길이다. 새로운 것을 보고 신기함을 가지는 마음, 새로운 것을 이상하게 받아들이지 않는 태도, 실수하거나 실패해도 아무렇지 않게 다시 도전하는 정신. 이런 마음과 태도와 정신은 교사에게 잃어버렸던 어린 시절의 호기심을 되찾는 데 도움이 된다. 여행은 잃어버렸던 호기심을 찾을 수 있는 기회가 된다.

학생은 호기심을 가지고 있지만, 그것을 드러내기 두려워한다. 특히 교사가 호기심을 받아주지 않을 거라고 생각하면 입을 다문다. 집중하고 있는 듯한 학생의 모습이 사실은 호기심을 죽인 채로 그저 교사를 쳐다보고 있는 것일 수도 있음을 알아야 한다.

"와~ 신기하다"

"어떻게 이런 생각을 할 수 있었니?"

"왜 이런 생각을 한 거야?"

"이걸 어떻게 발견한 거야?"

학생들의 말과 행동에 호기심을 가지고 대하는 것이 나만의 방법이다.

수업에서 학생들의 발표와 행동이 궁금할 때 물어보는 것이 교사의 호기심이다. 수업과 관련된 것이 아니라도, 조금이라도 비슷하거나 연관이 있거나 혹은 반대되는 것이라도 수업으로 이어나갈 수 있어야 한다. 그때 가장 중요한 것이 학생의 호기심이다. 학생의 호기심을 가장 증폭할 수 있는 것도 교사이고 교사가 호기심을 보일 때 다른 학생의 관심도 증폭된다.

여행으로 교사는 잃어버렸던 호기심을 되찾고, 그 경험은 수업을 통해 학생의 호기심을 증폭시키는 열쇠가 된다.

"잃어버린 호기심을 찾으러 갑니다."

이 말 한마디면 여행을 떠나는 당신을 부러워하는 학생들의 얼굴을 볼 수 있다. 잃어버린 호기심을 되찾으러 여행을 한번 가보는 것은 어떤가?

묻는 것이 능력이다

　　　　　여행은 누구에게 무엇을 물어야 할지 고민하고 선택하는 순간의 연속이다. 물론 언어가 잘 통하고, 같은 장소로 몇 번 여행을 가고 나면 현지인처럼 익숙해질 수 있지만, 여행이란 상황은 아무리 익숙해도 현지인처럼 익숙하지 않다.

　의식주에 대한 기본적인 것이 해결되어야 자신을 위한 여행이 가능하다. 공항에서 숙소를 가는 길을 찾고, 원하는 미술관에 가는 방법을 찾고, 어디서 무엇을 먹을지를 정하고, 돌발적인 상황이 벌어졌을 때는 필요한 도움을 구해야 한다. 잘 모를 때는 누군가에게 물어 방법을 찾아야 한다.

　질문과 대답은 배우고 가르치는 데 매우 중요한 방법이다. 수없이 많은 교수학습 방법이 있지만, 소크라테스 시절부터 이어 내려온 문답법을 능가하는 방법을 찾지 못했다. 그만큼 질문과 대답은 가장 간단한 활동이지만, 어떻게 하느냐에 따라 학습활동의 깊이가 달라진다. 무엇보다 학생의 질문에 따라 이해할 수 있는 수준으로 대답해주는 교사의 능력이

또 다른 질문을 하게 하고 이것이 모여 학습에 큰 바탕을 이룬다.

질문과 대답 중 평소 교사는 질문을 하는 쪽보다 대답을 하는 역할에 익숙하다. 질문의 형태이지만 궁금해서 물어보는 것이 아니라, 학습 주제를 제시하거나 궁금증을 유발하게 하거나 설명하기 위한 방법으로 쓰기도 한다. 특히 교사가 수업 중에 하는 질문은 몰라서 하는 것이 아니라 특별한 목적을 가지고 하기에 궁금한 것을 물어본다는 질문 본연의 목적은 아니다.

수업은 잘 짜인 각본에서 연출되는 드라마는 아니지만, 수업목표를 중심으로 대략의 얼개는 갖춘다. 겉보기엔 자유스럽게 보여도 의도된 활동이 주를 이루고 교사는 가장 큰 연출자이기 때문에 몰라서 질문하는 경우는 거의 없다.

교사가 수업 활동을 하다 보면 자연스럽게 질문하는 기술보다 답변하는 기술에 익숙해진다. 그러다 정작 질문하는 기술을 잊어버린다. 학생, 학부모, 교사를 대상으로 각각 대중 강의를 해보면 가장 질문이 적게 나오는 것이 교사 집단이다. 왜 그럴까? 교사는 이해력이 뛰어난 집단이기 때문에 통상의 대중 강의의 핵심과 내용 파악에 익숙하다. 그러니 강의자가 발표하는 자료만 살펴봐도 무슨 말을 하는지 이해한다.

사실 여행은 전혀 낯선 곳이라는 물리적인 공간에 대한 어색함보다는 익숙하지 않다는 심리적 공간의 어색함이 더 크다. 그래서 모르면 질문하는 것이 당연하지만, 오랫동안 질문하는 기술을 잊어버리고 있었기에 질문 자체를 하지 못한다. 머릿속에는 수없이 많은 단어와 표현이 돌아다니지만, 입을 떼지 못한다. 공간의 낯섦이 주는 심리적 어색함은 평소에 잘 하지 않았던 질문의 능력을 더 위축시킨다.

학생들 앞에서 정돈되고 반듯한 모습만 보여줬다면, 교사는 자신도 모르게 자신의 작은 실수는 물론이고 무지하다는 것에 대해 인정하지 않으려고 한다. 여행자는 자신이 무지하다고 생각하고 시작하는 것이 마음 편하다. 모르기에 배워야 하고 익혀야 한다.

모르는 것을 물어봐야 하는 상황이 곧 교사가 학생들의 모습으로 변하게 하는 순간이다.

어색함이라는 벽을 넘기는 것이 가장 힘든 일이다. 이건 누가 만든 벽이 아니라 자신이 세운 벽이다. 어색함이란 벽은 넘기만 하면 별것 아님을 단박에 깨우친다. 왜 학생이 질문을 잘 하지 못하는지도 깨닫고, 무엇을 조력해야 할지 몸으로 느끼는 기회도 여행에서 만난다.

교사는 학생을 볼 때 얼마나 질문을 잘하느냐에 따라 얼마나 공부를 잘하는지 유추할 수 있다. 나는 수업시간이 남으면 학생들과 '질문게임'을 즐긴다. 평소에 공부를 하면서, 뉴스나 책을 보면서 이해가 안 되거나 궁금한 것이 있으면 무엇이든지 질문하라고 한다.

"선생님이 22년 동안 질문게임을 해서 한 번도 진 적이 없어. 이번 학년 친구들은 꼭 이겼으면 좋겠다. 선생님도 이기기 지겹구나. 그럼 누가 먼저 질문해볼까?"

학생들의 눈이 반짝반짝한다. 가장 용기 있는 학생부터 질문을 하기 시작하고 나는 대답을 한다.

어떻게 22년 동안 질문게임을 하면서 지지 않을 수 있을까? 여긴 몇 가지 비밀이 있다. 첫째, 학생의 질문 수준이 어렵지 않다. 아무것이나 질문하라고 해도 어렵고 복잡한 것을 질문하지 않는다. 질문도 아는 만큼 하는 것이다. 아는 것이 없으면 궁금한 것도 없고, 모르는 것도 없다.

둘째, 아무것이나 질문하라고 하면 형이상학적인 것을 먼저 물어본다. 우주, 공룡, 귀신은 꼭 빠지지 않고 나온다. 그것이 해결되고 나면 인체와 지질에 대해서도 나온다. 예리한 질문은 구체적인 것을 물어볼 수 있어야 한다. 그런 질문을 할 수 있으려면 질문하는 학생도 반성적이거나 비판적인 사고를 할 수 있어야 하는데 그런 수준 정도의 아이가 많지 않다.

셋째, 정답을 말하는 것이 아니라 대답을 한다. 학생이 물어보는 것은 대부분 구체적인 답이 있는 경우가 많지만, 논란의 여지가 있거나 내가 미처 생각하지 못한 것을 물어보는 경우도 간혹 있다. 그럼 나는 그 학생이 왜 질문을 하는지 한 번 더 묻고 왜 그런 의문을 가지게 되었는지 역으로 질문해 들어간다. 그러다 보면 답을 찾지 못해도 학생도 나도 배움을 얻는다. 정답이 아니라고 항의하는 학생은 한 번도 없었다. 사실 정답을 알면 질문도 하지 않는다.

　질문게임을 오래 해오면서 어떻게 질문하느냐에 대한 연구를 많이 했다. 질문은 구체적으로 하나씩 해나가야 한다. 질문은 하나로 끝나는 것이 아니라 답변을 듣고 이해되지 않은 부분을 다시 질문해서 설명을 들어야 한다.

　여행은 이런 질문의 구체적인 방법을 익히는 동시에 누구에게 물어야 원하는 답을 얻을 수 있는 알아가는 과정이다. 여행에서는 질문을 어떻게 하느냐보다 누구에게 물어야 하는지 찾아내는 것이 우선이었다. 여행 중 질문에 대답을 잘하던 현지인의 특징이 있다. 제복 입은 경찰이나 안내원을 만나면 가장 좋지만, 그럴 상황이 안 되면 먼저 상대의 인상을 살

핀다. 얼굴은 편안해 보이는가? 친절해 보이는가? 옷차림은 말쑥한가? 지도를 들고 두리번거리며 누가 나에게 친절하게 알려줄지를 먼저 찾는다. 찾았다면 최대한 공손하고 정확하게 물어본다. 길을 찾는 것이라면 건물의 이름을 정확하게 발음하도록 노력한다. 상대방이 잘 알려줄 수 있도록 질문을 구체적으로 한다.

여행을 통해 질문의 중요성을 확인했다. 교실에 돌아와선 질문을 받아야 하는 교사로서 어떤 자세를 보여야 하는지도 알게 되었다. 언제 어디서든 질문을 받을 준비를 하는 것이다. 더욱 편안한 얼굴과 친절한 태도로 대하는 것의 중요성을 깨달았다.

"선생님도 여행 갈 땐 너희처럼 두근거려. '이런 걸 물어봐야 할까?' '이런 걸 모른다고 무시하지 않을까?' 하고 걱정하지 마. 너희에게 외국인이 길을 물어보는데 어수룩하게 물어본다고 무시하지 않듯이 그들도 친절하게 대해줄 거야. 대신 정확하게 물어야 가르쳐줄 때도 확실하게 알려준단다. 그럼 연습 한번 해볼까?"

잘 묻기만 해도 공부의 반은 이뤄진다. 묻는 것도 능력이다. 묻는 능력에 가장 걸림돌은 무시당하지 않을까 하는 두려움이다. 여행을 통해 배운 건 물어보아도 아무도 무시하지 않는다는 것이었다. 무시당하는 것이 아니라 질문을 잘못해서 제대로 된 답을 못 들을 뿐이다. 묻는 것 자체가 능력인 것은 확실하다.

꿈꾸는 것과 행동하는 것의 차이

　　　　　　꿈꾸는 것은 자유라 했다. 꿈마저 꾸지 못한다면 무슨 낙이 있을까? 그렇다. 꿈꾸는 것만큼 자유롭게 상상의 나래를 펼 수 있는 것도 드물다.

　학생들과 새 학년 첫 학기에 만나면 장래희망을 발표하는 활동을 꼭 한다. 초등학생도 6학년쯤 되면 장래희망은 심드렁한 발표 주제다. 유치원 때부터 빠지지 않고 해왔기 때문이다.

　자기가 되고 싶은 장래희망(이라 쓰고 보통은 직업을 선택한다)을 그리고, 얼굴 사진을 위에 붙이는 형태의 간단한 활동이다. 학생의 얼굴과 성향을 동시에 파악하기 위해 흔히 쓰는 장래희망 발표는 6학년에겐 학년 초에 거쳐야 하는 타성적 상황mannerism이다.

　"저의 장래희망은 의사입니다."

　"왜 의사가 되려고 하지?"

　여기까지는 학생이 교사의 질문을 예상하고 있다.

"아픈 사람들을 도와주고 싶기 때문입니다."

"좋은 생각이구나. 몸이 아픈 곳도 여러 곳인데 어느 과의 의사가 되고 싶은 거야?"

이건 하나의 게임이다. 교사의 질문은 게임 속 상황인 퀘스트*다. 왜 의사가 되려고 하느냐는 일차원적인 질문만 통과해도 장래희망 퀘스트를 통과할 수 있었는데, 교사가 좀 더 진화된 질문을 한다. 의사를 선택할 정도면 학생은 자신이 공부를 좀 한다고 생각한다. 그래서 고차원적인 질문에도 대답한다.

* 온라인 게임에서 이용자가 수행해야 하는 임무. 게임 전체의 이야기를 이끌어 가는 요소로, 임무를 달성하면 보상이 주어진다.

"저는 흉부외과 의사가 되어 심장이 약한 사람들을 수술해서 살려내고 싶습니다."

"장래희망이 대단하구나! 그럼 흉부외과 의사가 되기 위해 지금 무엇을 준비하고 있니?"

의사에도 어떤 과목이 있는지, 무슨 일을 하는지 정도의 정보는 커리어넷에서 검색하면 얼마든지 볼 수 있다. 과거보다 학생들이 보는 책의 종류는 매우 다양하고 흉부외과 의사가 되겠다는 장래희망을 가진 아이는 나름 의사에 대한 정보를 알아봤을 것이다.

이 정도의 문답까지 올 정도면 꽤 괜찮은 수준이다. 무엇이 왜 되고 싶은지조차 생각하지 못하는 학생이 상당수이고, 되고 싶은 것도 피상적인 수준을 넘지 못하는 경우가 대부분이다. 내가 묻는 건 학생이 원하는 장래희망이 무엇인지를 넘어 그것을 이루기 위해 지금 무얼 하고 있는지이다. 지금 무엇을 하고 있는지가 핵심이다.

꿈을 이루는 것이 단순히 좋은 직업을 가지는 것에만 해당하지 않는

다. 직업이 가지는 의미와 학생이 하고 싶은 꿈이 비슷하기 때문에 혼동하지만, 꿈이든, 장래희망이든, 직업이든 무엇을 선택하든지 지금 무엇을 하고 있는지를 돌아보는 것이 가장 중요하다.

여행도 마찬가지다. 여행을 꿈꾸는 이유가 무엇인지부터 자신만의 해답을 찾아야 한다. 여행을 현실을 벗어나기 위한 수단으로 삼는다고 해서 말릴 이유는 없지만, 그 여행이 매번 흥미롭진 않을 것이다. 여행은 떠났다가 반드시 돌아와야 한다. 그렇기 때문에 현실을 벗어나기 위해 떠난 여행도 결국은 다시 그 현실로 돌아오는 것으로 끝난다.

여행은 자신을 돌아보고 익숙하지 않은 공간 속에 스스로 원해 억지로 밀어 넣는 일이라 했다. 알고 보면 여행은 돈 주고 고생을 사서 하는 불합리한 경제활동이다. 여행 중의 경험을 고생으로 생각한다면, 다음 여행을 할 것인지 고민한다. 불쾌한 경험이었다면, 두 번 다시 여행을 하고 싶지 않다. 여행 중 겪은 경험과 느낌은 좋은 것과 나쁜 것이 섞인다. 하지만 좋은 감정이 더 크면 나쁜 감정이 섞여 있어도 자신이 다녀온 여행 자체에 긍정적인 평가를 내린다. 그리고 다음 여행을 또 준비한다. 엉성한 첫 여행이 끝나고 나면 다음 여행은 좀 더 알차게 준비하려고 노력한다.

여행을 자주 다니는 사람들의 특징이 있다. 여행을 결심하거나 짐을 싸는 데 오래 걸리지 않고, 특히 여행 짐은 점점 단출해진다. 결심을 행동으로 옮기는 시간이 짧고, 별 준비 없이 여행을 떠날 수 있다는 것은 평소 삶의 자세와 태도가 준비되었다는 뜻이다.

꿈을 꾸는 것과 행동하는 것은 다를 수 있다. 해보지 않은 것에는 두려움이 생긴다. 꿈만 꿀 땐 두려움을 전제하지 않지만, 행동으로 옮길 땐 두려움은 실체가 된다. 실체가 된 두려움은 행동을 제약하고 나아가 꿈을 꾸는 것까지 막는다.

그렇다면 두려움은 정말 두려운 것일까? 두려움은 크게 3가지다. 첫 번째는 정말 두려운 것이다. 난 놀이공원에서 바이킹이나 롤러코스터를 타지 못한다. 몇 번 시도해봤지만, 간이 쪼그라드는 공포 때문에 즐거움을 못 느낀다. 이성적으론 안전하다는 것을 안다. 그러나 경험해봐도 두려움이 없어지지 않는 것은 정말 두려운 것이다.

두 번째는 모르기 때문에 두려운 것이다. 여행은 미지의 세계로 이동하는 것이고, 모르기 때문에 어떤 상황이 벌어질지 몰라 두렵다. 새 학년이 되어 교사를 만나는 학생도 마찬가지다. 덩치 크고 얼굴이 시꺼먼 차

쌤을 만나는 학생은 그 두려움이 더하다. 그러나 몰라서 생기는 두려움은 경험을 해보면 누그러지고 사라진다. 험상궂은 차쌤이지만 함께하는 시간이 많아질수록 오해는 사라진다. 최소한 험상궂은 차쌤이 해치지 않는다는 안전함을 느끼면 사라진다.

세 번째는 달라서 생기는 두려움이다. 다르다는 이질감이 생경함을 넘어 두려움으로 다가오면 공포심을 느낀다. 공포는 이성적 판단을 마비시킨다. 정말 두려워하는 것도 이성적으로는 괜찮다는 자기 암시라도 할 수 있고, 몰라서 두려운 것도 경험을 하면 사라지지만, 달라서 생기는 두려움에 싸이면 행동 자체를 방해한다. 편견이 공포로 변해 공격적으로 반응한다. 그러나 그 공격은 자신을 방어하기 위한 작용이다. 편견이 무서운 건 자신에게 쓸 에너지를 타인을 공격하고 자신을 방어하는 데 쓸 뿐 아니라, 전염성이 강해 막연한 공포심을 느끼는 타인에게 영향을 줘서 집단 전체에 악영향을 준다.

교사는 편견에서 자유로워야 한다. 그러나 가르치는 일은 보수적인 것이고, 검증된 것만 찾아 가르치려 하다 보면 시선이 좁아지고, 스스로 행동을 제약한다. 교사에게 여행이 꼭 필요한 이유가 여기에도 있다.

교사가 편견을 가지고 학생을 대하는 것을 경계해야 한다. 그러나 일상을 살다 보면 자신의 편견을 스스로 알아채기 어렵다. 여행은 일상에서 익숙하게 여기던 것이 옳은 것이 아닐 수 있음을 경험하고, 그것이 자신의 편견에서 기인한다는 것을 알아가는 과정이다. 자신의 편견을 발견하면 일상을 의심하고, 일상을 재편한다. 불필요하거나 과한 것은 덜어내고, 필요한 것만 추려낸다.

교사의 이런 활동은 학생을 대할 때 무척 중요하다. 편견을 가진 학생을 대할 때 잘못된 점을 지적하고 꾸짖는 것이 아니라, 여행을 통해 바뀐 교사의 삶의 모습을 보여주고 같은 오류를 겪었던 인생의 선배로서 궁금한 것을 물어보는 것이다.

결국 여행은 삶을 바꾸고 교사의 가르침의 방법을 바꾼다. 가르치는 소재의 제한이 없어진다. 교과서를 들고 하든, 어제 나온 뉴스를 언급하든, 소설이나 책의 한 구절을 가져오든 상관없다. 내용은 같아도 대하고 전하며 피드백하는 방식이 바뀐다.

가르치고 배우는 것에 절대적인 진리나 방법이 아닐 수 있음을 전제한다. 하다 보면 바뀔 수도 있고, 모르거나 부족한 것이 있으면 학생들과 함께 찾아가는 과정을 설계하고 실행한다. 그 자체가 수업이 된다.

수업하는 것이 마치 여행을 준비하고 실행하는 과정과 같다.

의미는 행위가 끝난 다음에 부여해도 된다. 의미 있는 것을 전달하기 때문에 의미 있는 것이 아니라, 행동하고 난 뒤 의미 있는 것을 찾아 추려 내는 것이 더 의미 있다.

수업은 그러해야 한다. 그래야 교사와 학생의 삶은 수업이란 과정을 통해 풍요로워진다.

과정은 순탄하지 않을 수 있다. 방향을 잡았다고 해서 길이 평탄한 것은 아니기 때문이다. 산 정상은 보이지만 안개에 가려져 중간이 보이지 않는 등산로를 오른 것과 같다. 무엇이 나올지 몰라 두려워하면 행동하지 못한다. 에베레스트를 올라가는 꿈도 시작은 동네 뒷산부터 올라가는 행위에서 시작한다. 여행은 교사에게 그 작고도 큰 차이를 몸으로 느끼게 해주는 소중한 행위다.

나오며

여행을 하며 나를 돌아보다

나의 여행 이야기는 지극히 나 중심으로 이뤄진다.

혼자 하는 여행이 많았지만, 여행을 글로 남기는 과정은 누군가와 함께한 것 같다.

여행에서 쓰는 글은 나에게 쓰는 글이면서 동시에 내 옆에서 함께 여행하는 누군가와 이야기하는 기분으로 쓴다.

나와 함께 이 책 『교사, 여행에서 나를 찾다』를 함께한 익명의 타인과 여행으로 시작해서 교육으로 끝나는 여정을 다녀왔다. 나를 위해 쓴 이야기지만, 쓰면서 타인을 위한 글이 되었다.

이번 책을 쓰며 그동안 내가 다닌 여행 이야기를 정리해보았다. 여행 이야기로 시작했지만, 그것으로 끝나지 않았다. 나 자신을 좀 더 들여다보고 풀어내는 과정을 겪어야 했다. 내 속엔 숨기고 싶은 것을 숨길 수 없다는 것을 알았다. 이미 지난 세월 동안 나만 몰랐을 뿐, 말로 하지 않았을 뿐, 나는 나를 드러내놓고 살았다. 그걸 알아차리지 못했을 뿐이다.

그렇다면 지금의 나는 과거의 나보다 더 발전하고 훌륭한 존재가 되었는가? 아니다. 대신 솔직해졌다.

난 누구보다 남을 의식하고 살아왔다.

난 누구보다 남에게 좋은 모습을 보이려고 살아왔다

난 누구보다 남에게 칭찬과 인정을 받기 위해 살아왔다.

그러면서 내가 하고 싶은 것을 하고, 내가 보고 싶은 것을 보고, 내가 원하는 것을 좇았다.

여행은 교사라는 자리를 벗어나 교사가 아닌 자연인으로 나를 드러내는 과정이었다. 교사의 틀을 놓으니 교육이 보였다. 그동안 내가 하고 있던 교육적 활동과 교사의 삶이 여행이란 과정에 투영되어 나왔다.

솔직해진 '자연인'으로의 나와 교사의 삶을 살던 '직업인'으로의 내가 만났다. 그래서 나의 여행은 교육의 이야기로 마친다.

나는 안다. 여행의 끝은 또 다른 여행의 시작이듯, 이 책에 마쳐진 교육 이야기는 또 다른 교실 이야기의 시작이란 것을.

삶 그 자체가 여행이 된 기분이다.

마지막 페이지까지 함께해준 독자들과 이 감정을 나누고 싶다. 두려움을 떨치고 여행을 할 수 있는 한 줌의 용기를 불어넣어 주었기를 바란다.

제라드의 우주쉼터 어린이를 위한 긍정의 훈육 그림책

제인 넬슨 지음, 빌 쇼어 그림, 김성환 옮김

이 책은 아이 스스로 감정을 조절할 수 있는 '긍정의 타임아웃'을 알려준다. '긍정의 타임아웃' 이 무엇인지 알 수 있으며, 이 공간을 활용하여 어떻게 자기감정을 조절할 수 있는지 알 수 있다.

유치원 학급운영 어떻게 할까?

뿌리 깊은 유치원 교사 연구회 지음

유치원 학급운영을 고민하는 교사들에게 교실 환경 구성에서 모둠 운영까지, 등원 지도에서 귀가 지도까지, 문제해결을 위한 기술에서 학부모 상담까지 학급운영을 위한 모든 것을 알려준다.

교육학 콘서트 교육학을 만든 위대한 생각들

밥 베이츠 지음, 사람과교육 번역연구팀 옮김

소크라테스, 플라톤, 아리스토텔레스에서 듀이, 비고츠키, 몬테소리, 가드너, 드웩, 블룸 등 고대에 서 현대에 이르는 백여 명의 사상가와 그 이론과 모델을 구체적인 도표와 다양한 사례로 쉽게 이 해할 수 있다.

놀이로 풀어보는 유치원 학급운영

정유진, 정나라 지음

'황금의 5주' 3월을 위한 놀이 중심 학급운영. 유치원 일 년 학급운영의 기초가 되는 기본생활 습관 지도를 위한 다양한 활동과 팁, 친밀감을 높이는 관계형성놀이 그리고 3월이 시작되기 전 교사의 마음가짐과 준비할 것들을 소개한다.

과정중심평가 배움을 확인하고 성장을 지원하는

김덕년, 강민서, 박병두, 김진영, 최우성, 연현정, 전소영 씀

2015 개정 교육과정의 핵심 내용 중 하나로, 최근 교육 현장에서 가장 큰 화두가 되고 있는 '과정 중심평가'를 소개한다. 특히 학교와 교실 현장에서 '과정중심평가를 어떻게 실천할 것인가'에 대한 실마리를 제시한다.

그림책 학급운영 마음을 열어주고 관계를 꽃피우는

그림책사랑교사모임 지음

평화로운 학급운영을 위해서는 학생과 학생, 학생과 교사 간의 관계를 형성하는 것이 중요하다. 관계를 형성하려면 대화가 이루어져야 하고, 그러려면 먼저 마음을 여는 것이 필요하다. 어떻게 해야 학생들의 마음을 열 수 있을까? 이 책은 그해답으로 '그림책'을 제시한다.